俳優・升毅の 家呑みおつまみ、 一丁あがり

小学館

これまでの人生で忘れられない味を自分なりにアレンジしたのが僕のお品書き

僕はお酒を呑むのも食べるのも、そして料理を作るのも大好き。実は自宅マンションの隣室を借り、〝居酒屋ますや〟と称して、役者仲間や草野球チームのメンバーなどをもてなしています。

要はホームパーティーなのですが、玄関には暖簾《のれん》をかけて壁には手書きのお品書きを貼り、居酒屋の雰囲気も演出しています。僕の中では「居酒屋＝おでん」なので、お客様にはまずは仕込んでおいたおでんをつまんでもらい、その間に他のつまみを作っていくスタイルです。この本で紹介する「ポテトピザ風」など、皆に好評で定番になったメニューもたくさんあります。

特に作るものが決まっていなくても、スーパーで食材を見ていると食べたいものが浮かんでくるんです。キッチンに食材を並べると、これを刻んでおこう、これにお湯をかけておこうと、段取りを考え始めます。その思考回路が、役者の仕事とは全く違うから、僕にとってはストレス解消になっています。

幼い頃のわが家の食卓は、母が作った料理が大皿で出てきて、家族で取り分けるスタイルでした。父が客を招くのが好きで、母が手際よく料理をふるまっていました。餃子の皮を揚げてお手製ソースを添えたおつまみがあったのを覚えていますが、今思うと簡単ながら気の利いた一品です。そんな母の姿を見ていたせいか、子供の頃から自分のキッチンをもちたいと思っていました。

一人暮らしを始めてからは、自炊が楽しくて。劇団の後輩がウチに遊びに来ると、昼は麺類、夜は酒のつまみなんかを作ったものです。

外食で食べて気に入ったメニューを自分で作ってみることも多いです。劇団員時代に通った大阪の店、40歳で東京に進出して行きつけになった店、公演やロケで訪れた地方の店で、「美味しい」と思ったものなどです。とはいっても、自分で作る時は、定番の美味しさプラスαが肝心だと思うから、そのαを探してアレンジします。味がピタッと決まるまで何回か作って完成したものもあります。

こうして生まれたメニューは約１００品。この本では、その中から68品を紹介しています。早く呑みたいし、早く食べたいので、料理も早く作りたい。だから、身近な調味料や食材で手軽に作れるものばかりです。

各料理ページのＱＲコードから、実際に作っている動画もご覧いただけますので、ぶっつけ本番の僕のおしゃべりを楽しみながら、ご家庭で作っていただけると嬉しいです。

目次

がっつり

あっさり

ほっこり

まんぷく

【この本の使い方】

- 本書で使用している計量スプーンは大さじ15㎖、小さじ5㎖。
- 火加減は特に指定のない限り、中火です。
- 野菜類は水洗いをすませ、ヘタや根元、種などは取っています。
- 電子レンジの加熱時間は600Wの場合の目安です。機種や食材によって差があるため、様子を見ながら時間を調整してください。
- フライパンは食材がくっつきにくい表面加工をしたタイプを使用。ご家庭のフライパンに合わせてサラダ油の量などを調整してください。

【動画を観る方法】

本書では料理ページにQRコードを掲載し、升毅さんが実際に料理を作る様子を動画でご覧いただけます。以下の要領でお楽しみください。

1 スマホやタブレットのカメラを起動します
2 背面にあるカメラをQRコードに近づけて読み取ります
3 画面に現われたURLをタップすると、動画画面にジャンプします

Column 1

基本の調味料

調味料は近所のスーパーで買えるもので十分

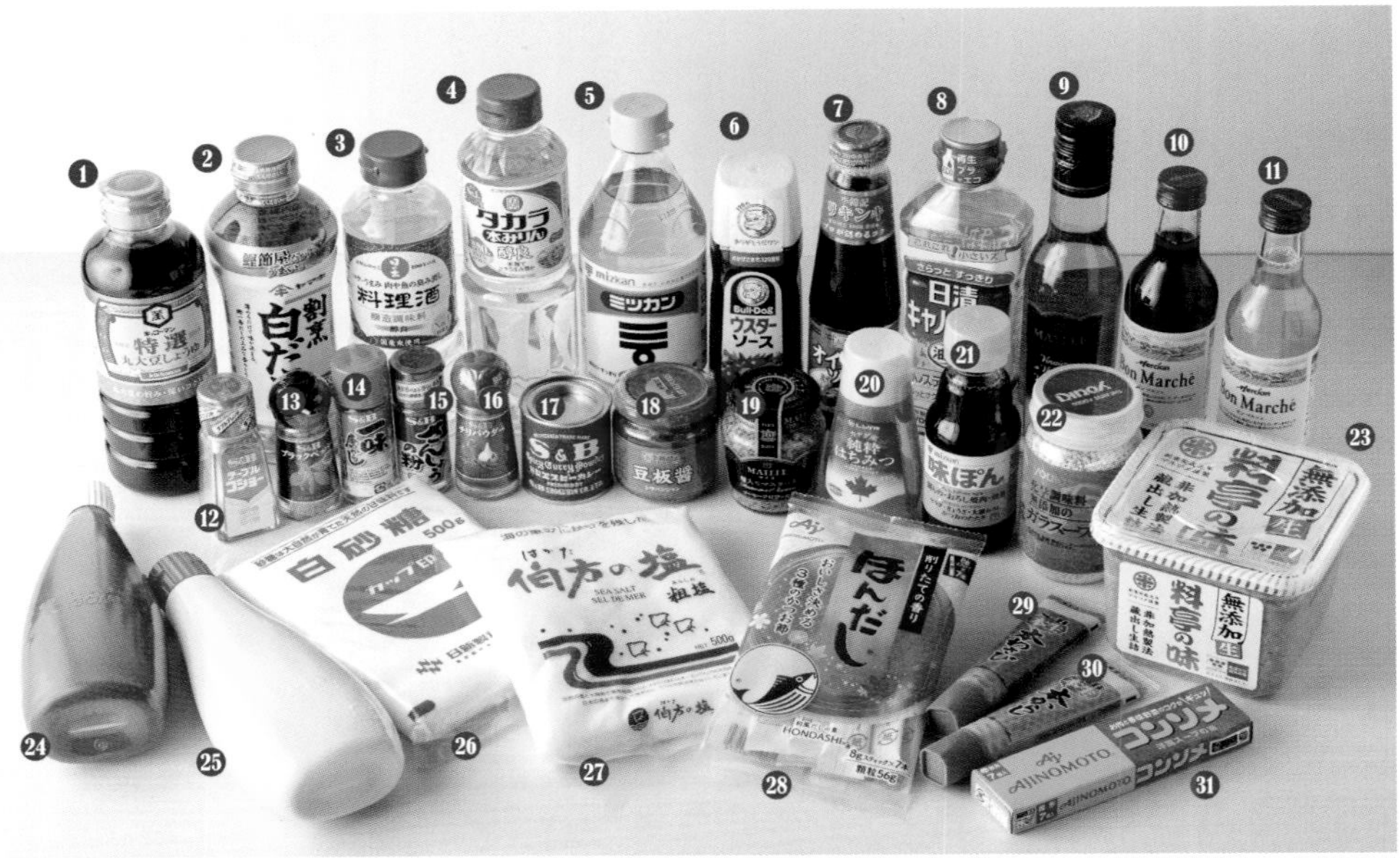

❶しょうゆ ❷白だし ❸料理酒 ❹みりん ❺酢 ❻ウスターソース ❼オイスターソース ❽サラダ油 ❾白ワインビネガー ❿赤ワイン ⓫白ワイン ⓬こしょう ⓭黒こしょう ⓮一味とうがらし ⓯粉さんしょう ⓰チリパウダー ⓱カレー粉 ⓲豆板醤《トウバンジャン》 ⓳粒マスタード ⓴はちみつ ㉑ポン酢しょうゆ ㉒鶏ガラスープの素 ㉓みそ ㉔トマトケチャップ ㉕マヨネーズ ㉖砂糖 ㉗塩 ㉘顆粒和風だし ㉙チューブのわさび ㉚チューブのからし ㉛固形スープの素

甘辛いしょうゆ味が好きなので、僕の料理には、しょうゆ、酒、みりんは欠かせません。あとは塩、砂糖、酢、みそ、マヨネーズ、ソース、トマトケチャップなど、どこのご家庭でも常備している調味料があれば十分。七味とうがらし、タバスコなどはお好みで加えていただければというスタンスです。

調味料の産地や製法にこだわる方も多いようですが、僕はスーパーで手に入る定番品を使っています。ご当地名産のしょうゆなどを仕事先でいただくこともあります。豆腐や焼き魚などにかけて使う分には美味しいのですが、料理に使うなら慣れたものが一番です。

心がけているのは、日本酒を使うことかな。酒は肉などの素材を柔らかくするうえ、旨味やコクが出て香り良く仕上がるので、よく使います。

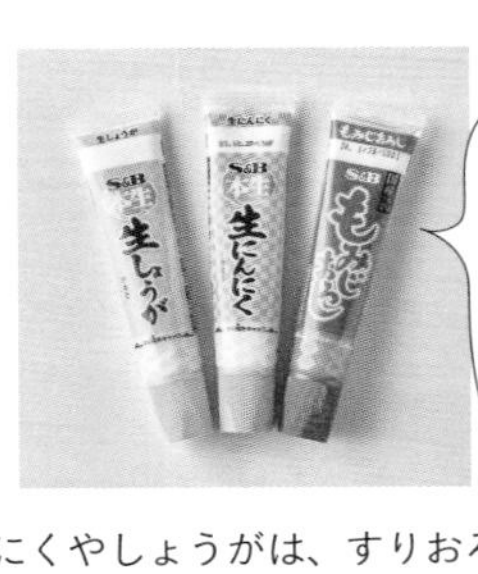

早く使いきれば、香りも抜けない

にんにくやしょうがは、すりおろさなくてよいチューブの商品を愛用。もみじおろしも手軽に家庭で楽しめます

がっつり

肉や魚を主役に
ボリュームたっぷり。
お酒によし、ご飯によし

熱々をワイルドにかぶりつくのが最高！

スペアリブ

材料 2〜3人分

- 骨つき豚肉（カット済み）… 約500g
- 塩…適宜
- こしょう …適宜
- **A**
  - しょうゆ …大さじ3
  - 酒 … 大さじ2
  - チューブのにんにく…小さじ1
  - チューブのしょうが …小さじ1
  - はちみつ…大さじ2
- サラダ油 …適宜

作り方

1 骨つき豚肉は塩・こしょうをふる。

2 [A] を合わせておく。

3 フライパンにサラダ油を熱して**1**を入れ、中火で焼く。焼き目がついたら裏返し、**2**の1/3量を肉にかけるようにして入れ、ふたをして3分ほど焼く。

4 ふたを開けて、肉の全面にタレを絡めたら、**2**の1/3量を加え、ふたをして3分ほど焼く。

5 **4**を繰り返し、中まで火が通ったら皿に盛り、お好みで生野菜などを添える。

骨つき肉は調理が面倒なイメージがありますが、〝ますや〟のスペアリブは漬け込みや下茹では不要。フライパンで焼くだけで、手軽にボリューム満点の一皿が完成します。タレを3回に分けて加えながら蒸し焼きにすることで、肉に味がしっかり染み、ジューシーに仕上がります。肉の旨味を存分に味わうワイルドな料理ですから、熱々を手づかみでかぶりついてください。

大将の動画は
こちら

はちみつが隠し味の「食べるソース」が決め手

ポークソテー

材料 2人分

- 豚ロース肉（とんかつ用）…2枚
- 玉ねぎ…1/2コ
- 塩 …適宜
- こしょう… 適宜
- サラダ油…大さじ1
- **A**
  - チューブのにんにく…小さじ1
  - チューブのしょうが…小さじ1
  - しょうゆ…大さじ1
  - はちみつ…大さじ1
  - 酒… 大さじ2

作り方

1 豚ロース肉は筋切りし、両面に塩・こしょうをふる。玉ねぎは粗みじん切りにする。

2 フライパンにサラダ油を熱して豚肉を入れ中火で両面を焼き、取り出す。食べやすい大きさに切る。

3 **2**のフライパンに玉ねぎを入れて中火で炒め、塩・こしょうを加える。**[A]** を加え、酒のアルコール分を飛ばし、ソースを作る。

4 皿に**2**を盛りつけ、**3**をかける。お好みで千切りキャベツやトマトを添える。

決め手は、肉にかけるソース。粗みじん切りの玉ねぎが存在感たっぷりのいわば「食べるソース」で、テレビの料理番組で美味しそうだったことから作ってみたのが始まりです。はちみつのおかげで味に高級感が出るので、このソースをかければ普通のポークソテーがごちそうになります。ソースを作る時に使う酒は、日本酒、赤ワイン、紹興酒などお好みでどうぞ。

大将の動画はこちら

下味をつけた鶏肉をフライパンで焼くだけ

タンドリーチキン

材料 2〜3人分

- 鶏もも肉（一口大）… 500g
- **A**
  - カレー粉 …小さじ山盛り3
  - クミンパウダー …小さじ山盛り1
  - チューブのにんにく …小さじ1
  - チューブのしょうが …小さじ1
  - 塩… 2つまみ
  - 粗びきこしょう…2つまみ
  - プレーンヨーグルト（無糖） … 大さじ2
  - トマトケチャップ …大さじ3
- オリーブオイル … 適宜

作り方

1 チャック付きポリ袋に［**A**］を入れ、鶏肉を加える。手でよくもんで下味をつけ、冷蔵庫に1時間以上おく。

2 フライパンにオリーブオイルを熱して**1**の鶏肉を入れ、中火で皮目から焼く。焼き目がついたら肉を裏返し、ふたをして弱火で5〜6分焼いて中まで火を通す。

3 皿に**2**を盛りつけ、お好みでレモン、生野菜などを添える。

ビールと相性抜群のタンドリーチキン。インド料理屋さんで食べるイメージでしたが、試しに作ったら意外と簡単。以来、フライパン一つでできるタンドリーチキンは、〝ますや〟の定番になりました。鶏肉をヨーグルト入りの調味料に漬け込むことで、柔らかくジューシーに仕上がります。焼いている時の香りも最高！ぜひ作ってみてください。

大将の動画はこちら

濃厚なみそバター味にしょうがが香り立つ

鮭ちゃんちゃん焼き

材料 2人分

- 生鮭切り身 … 2切れ
- キャベツ…1/6コ
- 赤パプリカ …1/4コ
- にんじん …1/2本
- 玉ねぎ …1/2コ
- にんにく …2かけ
- しめじ …1パック
- まいたけ …1パック
- バター …8g×2コ
- 塩 …少々
- こしょう …少々
- **A** みそ …大さじ2
  - 酒 …大さじ2
  - みりん …大さじ2
  - しょうゆ …大さじ1
- チューブのしょうが …約5cm分

作り方

1 キャベツはざく切り、赤パプリカは細切り、にんじんは薄切り、玉ねぎは縦半分に切ってから繊維に対して垂直に4〜5mm幅に切り、にんにくは薄切りにする。しめじとまいたけは石突きを取り小房に分ける。

2 アルミ箔を広げてバター1コを塗り広げ、フライパンにのせる。アルミ箔の上ににんにく1かけ分を敷く。その上に鮭2切れを皮目を下にして置き、塩・こしょうをふる。残りのにんにくを鮭の上に散らして、野菜ときのこをのせ、合わせた[A]をかけてバター1コをのせ、アルミ箔でおおう。

3 ふたをして中火で10〜12分蒸し焼きにする。途中で上にのせたアルミ箔を取ってチューブのしょうがを入れる。

10年以上前の真冬に、公演で北海道を訪れました。その時に食べたいかの刺身やいくらの新鮮さと美味しさは忘れられません。鮭ちゃんちゃん焼きも、その時初めて食べたんじゃないかな。鮮魚は現地に勝るものなしですが、これならどこでも美味しく作れます。鮭が主役で野菜は何を使ってもよし。カット野菜の袋詰め「野菜ミックス」を使うと、切る手間が省けます。

大将の動画はこちら

ボリューム満点のスパイシーな煮込み

チキンの悪魔煮

材料 2〜3人分

- 鶏もも肉（一口大）…約200g
- にんにく…1かけ
- 玉ねぎ …1/2コ
- ピーマン…2コ
- 黄パプリカ…1/3コ
- しめじ…1/2パック
- オリーブオイル…大さじ1
- 水…300mℓ
- 固形スープの素…2コ
- トマト水煮（缶詰）…1缶
- 赤ワイン…200mℓ
- **A** こしょう…2つまみ
  - オールスパイスパウダー …2つまみ
  - バジル（乾燥）…1つまみ
  - 一味とうがらし…小さじ1/2
  - タバスコ …10滴程度

作り方

1 にんにくは厚めにスライスする。

2 玉ねぎは粗みじん切りに、ピーマンと黄パプリカはざく切りにする。しめじは石突きを取って手でほぐす。

3 鍋にオリーブオイルを熱して**1**を弱火で炒める。香りが出てきたら鶏もも肉を皮目から焼き、両面に焼き色がついたら水、**2**、固形スープの素を入れて中火で5分ほど煮る。

4 トマト水煮、赤ワインを加え、煮込んでアルコール分を飛ばす。

5 ［A］を加えて味を調えて完成。

赤い色とスパイシーな味から「悪魔煮」と名づけました。ボリューム満点、彩り鮮やかな煮込みは、ワインとの相性よし。爽やかなトマトの酸味とピリリとした辛さが口に広がり、後を引く美味しさです。辛さを決める一味とうがらしとタバスコは、好みに合わせて量を調節してください。辛い物が好きなら、追い一味、追いタバスコで悪魔度アップを楽しみましょう。

大将の動画は
こちら

野菜たっぷりの山盛りしょうが焼き

ポークジンジャー

材料 2～3人分

- 豚ロース薄切り肉…200g
- 玉ねぎ…1コ
- ピーマン…2コ
- **A** 酒…大さじ1
  - みりん…大さじ1
  - しょうゆ…大さじ1
  - 砂糖…小さじ1
  - チューブのしょうが …小さじ2
- ごま油…大さじ1
- 塩…2つまみ
- こしょう…2つまみ
- **B** みりん…小さじ1
  - チューブのしょうが…小さじ1
  - しょうゆ…小さじ1

作り方

1 豚肉は半分に切り、[A] を合わせたタレに漬け込む。

2 玉ねぎは縦半分に切り繊維に沿って薄切り、ピーマンは縦半分に切って、繊維を断つように1cm幅に切る。

3 フライパンにごま油を熱し、**2**を中火で炒める。火が通ったら塩・こしょうをふる。

4 **1**をタレごと加えて炒める。豚肉に火が通ったら [B] で味を調えて完成。お好みで皿に千切りキャベツを敷いて盛りつける。

大将の動画はこちら

みんな大好きな豚のしょうが焼き。お店で注文すると、少し厚めの肉3、4枚と付け合わせの野菜が皿に盛られてきますが、たっぷり食べたい派の僕は、薄切り肉と玉ねぎやピーマンを一緒に炒めます。しょうがを利かせたタレが絡み、ご飯にもビールにも合う万能おかず。皿にキャベツの千切りを敷いて山盛りのポークジンジャーと一緒に食べると食感の楽しさも増します。

ごぼうは脇役、主役はたっぷりの肉

牛肉のきんぴら

材料 2人分

- 牛切り落とし肉…200g
- ごぼう…1/2本
- にんじん…1/2本
- ごま油…大さじ1+1/2
- **A** 顆粒和風だし…小さじ2
  - 酒…大さじ2
  - みりん…大さじ1
  - 砂糖…小さじ3
- しょうゆ…大さじ2
- とうがらし(輪切り) 小さじ1
- 白ごま…大さじ1

作り方

1 ごぼうとにんじんはピーラーで長さ約10㎝のリボン状に薄切りし、水(分量外)にさらす。

2 フライパンにごま油大さじ1を入れて中火にかけ、水気を切った**1**を炒める。

3 **2**に火が通ったら、**[A]** を加え、牛肉を加えてさらに炒める。

4 牛肉に火が通ったらしょうゆを加える。とうがらし、白ごまをふり、ごま油大さじ1/2で風味を調える。

シンプルなごぼうのきんぴらもいいものですが、〝ますや〟では牛肉をたっぷり入れます。牛肉とごぼうの相性は抜群ですから、つまみにもおかずにも最適な食べごたえのある一品になります。最近はきんぴら用に切ったごぼうやにんじんのパックが売っていますが、僕はピーラーを使って薄いリボン状にします。火が早く通り、味もしっかり染み込みます。

大将の動画はこちら

肉豆腐

牛肉の旨味が染みた豆腐が体を温める

材料 2人分

- 牛切り落とし肉…200g
- 絹ごし豆腐…1丁
- 長ねぎ…1本
- サラダ油 …大さじ1
- A
  - 水…500mℓ
  - 酒…大さじ4
  - しょうゆ…大さじ4
  - みりん…大さじ5
  - 砂糖…小さじ1
- 三つ葉…適宜

作り方

1. 豆腐は水切りをして一口大に切る。長ねぎは5㎜幅の斜め切りに。牛肉は大きければ食べやすく切る。
2. 鍋にサラダ油を熱し、中火で牛肉を炒める。
3. 牛肉の色が変わってきたら長ねぎを加えて炒める。
4. [A] を入れひと煮立ちさせ、豆腐を入れる。
5. 落としぶたをして、弱めの中火で12分ほど煮て火から下ろす。
6. 器に盛りつけて三つ葉を散らし、お好みで七味とうがらしをふって完成。

東京・北千住の居酒屋「大はし」の煮込みは、大きな鍋でコロコロに切った牛肉と豆腐をグツグツ煮ていて、肉だけでも注文できます。これがとても旨くて、牛肉の切り落としを使って作ってみました。僕はとにかく早く食べたいから、最初はあまり煮込まずに食べちゃう（笑）。残りは食べるたびに火を入れるので豆腐に味が染みていく。最後は卵でとじて丼物にしても美味しいです。

大将の
動画はこちら

大豆の水煮を使えば煮込み時間10分

手羽先豆煮

材料 2〜3人分

- 鶏手羽先… 6本
- しょうが…1かけ
- だし昆布…1枚
  （水500mℓでだしをとる）
- にんじん… 5cm分
- A
  - 酒…大さじ2
  - 砂糖…小さじ2
  - みりん…大さじ1
  - しょうゆ…大さじ2
- 大豆水煮…150g

作り方

1 手羽先は皮がついていない面の骨に沿って、包丁の刃先で切れ目を入れる。

2 しょうがは薄切りにする。

3 だしをとった昆布は縦半分に切り、5mm幅の短冊切りにする。にんじんは縦4等分にしてから2mm厚さのいちょう切りにする。

4 鍋に**1**を入れ皮目から弱火〜中火で焼く。焼き目がついたらひっくり返し、昆布だし500mℓと[**A**]、**2**を加えて中火で煮る。煮立ったらあくを取り、落としぶたをして弱火で5分煮る。

5 **3**と大豆を加え、落としぶたをしてさらに5分ほど煮る。火を消してしばらくおいて味を染み込ませる。

時々無性に食べたくなる、おふくろの味の定番です。ほろりと煮えた手羽先と、鶏肉の旨味が移った大豆がたまりません。手羽先は、隠し包丁を入れるひと手間で味が染みやすく、食べやすくなります。さらに大豆は水煮を使うので、長時間煮込まなくてもOK。煮物は冷めていく時に味が染み込むため、完成後はしばらくおいてから召し上がってください。

大将の動画はこちら

簡単なのに見た目も味も二重丸！

豚バラ白菜ミルフィーユ鍋

材料　2人分

- 豚バラ薄切り肉…約150g
- 白菜…2〜3枚（約200g）
- 大根…約80g
- 水…100㎖
- 顆粒和風だし…小さじ2
- 市販のポン酢しょうゆ…適宜

作り方

1 豚バラ肉は食べやすい大きさ、白菜は繊維を断つように鍋の深さに合わせた幅に切る。大根はピーラーで薄切りにする。

2 白菜1枚に豚バラ肉1枚をのせ、さらに大根、豚バラ肉、白菜を重ねて1セット作る。これを鍋の鍋肌側におく。

3 2を繰り返し、鍋肌側から中央に順に詰めていく。

4 詰めたら、水と顆粒和風だしを入れ、ふたをして中火にかける。

5 具材に火が通ったら完成。ポン酢しょうゆで食す。

1

2

3

3

4

重なった状態で
ガブリといくのが
至福！

豚バラと白菜を重ねた様子が「ミルフィーユ」のような、見た目も華やかな鍋です。材料はシンプルですが、豚肉の旨味が白菜に染み込み、いくらでも食べられる美味しさ。〝ますや〟では、この人気の鍋に大根をプラスしたアレンジが好評です。ピーラーでスライスした大根のシャキシャキとした食感が加わることで、より一層食べ飽きない味に仕上がります。

大将の動画は
こちら

ステーキ肉で作る贅沢な一皿

ダイナミック チンジャオロースー

材料 2〜3人分

牛ランプ肉（ステーキ用）
…1枚（約250g）

れんこん…350g

ピーマン…3コ

ごま油…大さじ1+小さじ1

A 塩…1つまみ
こしょう…適宜
鶏ガラスープの素…小さじ1

B 酒…大さじ2
みりん…大さじ1
オイスターソース…大さじ2
豆板醤…小さじ1

しょうゆ…小さじ1

作り方

1 れんこんは約5cmの長さに切って皮をむき、縦に1.5cm角の拍子木切りにして水にさらす。

2 ピーマンは縦4等分に切る。

3 牛肉は1.5cm幅に切る。

4 フライパンにごま油大さじ1を熱し、水気を切った**1**を中火で炒める。火が通ったら**2**を加えて炒め、[**A**] を順に加える。

5 **4**の野菜を端に寄せてごま油小さじ1を入れ、**3**を炒める。

6 牛肉に焼き目がついたら [**B**] を順に加えて炒める。

7 しょうゆで味を調えて完成。

おなじみのチンジャオロースーを〝ますや〟流にひと工夫して、ごちそう感たっぷりの一皿に。ステーキ肉を使い、具材を大ぶりに切るため、見た目のインパクトも十分です。ポイントはたけのこの代わりに使うれんこん。繊維に沿って縦に切ることで、シャキシャキとした歯ごたえを楽しめます。オイスターソースや豆《トウ》板醤《バンジャン》を使った中華風の味つけでビールがすすみます。

大将の動画はこちら

パリパリの皮とジューシーな餡のハーモニー

焼きワンタン

材料 10個分

にんにくの芽…25g

豚ひき肉…100g

ワンタンの皮…10枚

A
- 塩…1つまみ
- こしょう…少々
- チューブのしょうが…小さじ1
- ごま油…小さじ1/2
- オイスターソース…小さじ1
- しょうゆ…小さじ1
- 酒…小さじ1
- 片栗粉…小さじ1/2

ごま油…大さじ1

水…30mℓ

作り方

1 にんにくの芽を2〜3㎜幅の小口切りにする。

2 ボウルに豚ひき肉と**1**、[**A**] を入れ、よく混ぜる。

3 **2**を10等分し、ワンタンの皮で包む。包み方は、餡をのせた皮を三角形に折って閉じる。

4 フライパンにごま油を熱し、中火で**3**を焼く。焼き目がついたら水を差し、ふたをして弱火〜中火で5〜6分蒸し焼きにする。火が通ったら皿に盛り、お好みでレモンを搾って食す。

ワンタンといえば茹でるのが定番ですが、焼いても美味しいんです。餃子の皮より薄いので包む時に皮の縁に水をつける必要もなく、簡単に作れるのも嬉しいポイント。僕のこだわりは、歯ごたえのよいにんにくの芽を入れることと、餡に下味をしっかりつけること。ごま油でパリパリに焼き上げたら、レモンを搾っていただきます。ビールやハイボールによく合いますよ。

大将の動画はこちら

とろ〜りチーズとナポリタン味がたまらない

ポテトピザ風

材料 2人分

- じゃがいも…大1/2コ
- 玉ねぎ…1/2コ
- ピーマン…1コ
- ブラウンマッシュルーム…2コ
- ベーコン…2枚
- バター…8g
- 塩…2つまみ
- こしょう…少々
- トマトケチャップ…大さじ2
- とろけるチーズ…適量

作り方

1 じゃがいもは皮ごとスライサーで薄切りにし、水にさらした後、水気を取る。

2 **1**をフライパンに敷き詰め弱火にかける。鍋肌からバターを入れ溶かす。

3 玉ねぎは繊維に沿って薄切り、ピーマンは細切り、ブラウンマッシュルームは薄切り、ベーコンは2㎝幅に切る。

4 **2**とは別のフライパンでベーコンを中火で炒め、その脂で**3**の残りを炒める。塩、こしょう、ケチャップを加えてしんなりするまで炒める。

5 **2**に少し焼き目がついたらフライ返しでひっくり返す。

6 **5**に**4**をのせ、とろけるチーズをのせてふたをする。チーズが溶けたら完成。タバスコをふって食べるのがオススメ。

ピザの生地をじゃがいもに置き替えたメニューです。友人にふるまったところ、「また食べたい、また食べたい」と大好評で、〝ますや〟の定番メニューになりました。地元の仲間が集まる飲食店で、みんなで持ち寄りパーティーをした時に、焼き立てをフライパンごと持っていったことも（笑）。まわりのチーズのカリッと焦げたところが美味しいんですよね。

大将の動画は
こちら

オーロラソースが味のアクセントに

鮭缶のチーズ焼き

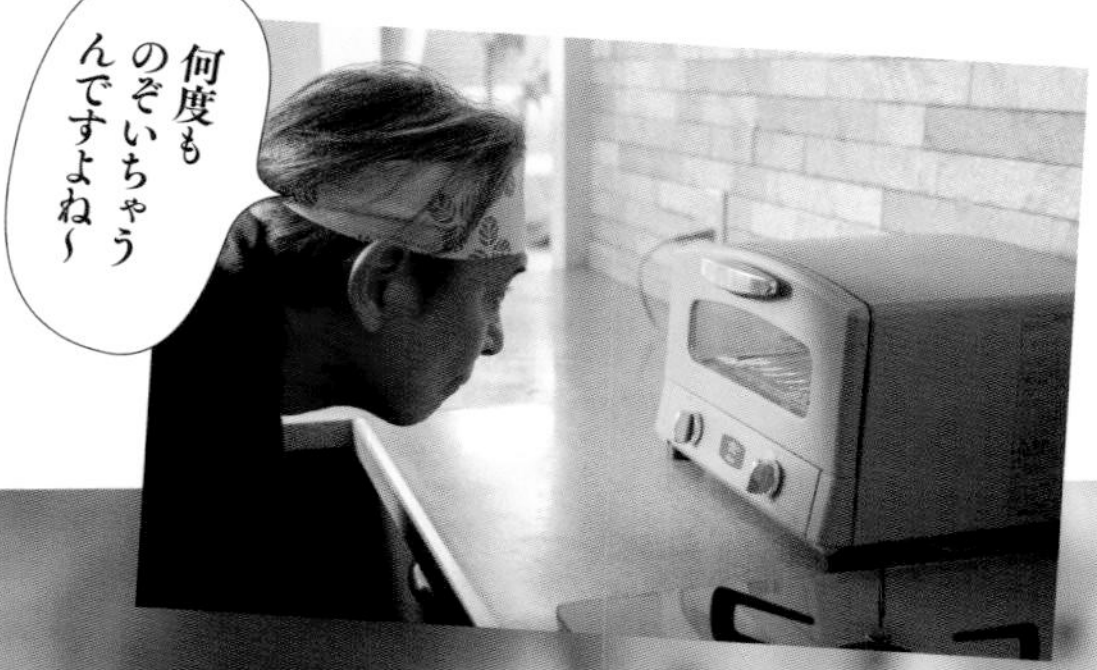

大将の動画はこちら

鮭や鯖、ツナなど魚の缶詰は手軽に買え、ストックしておくと便利な食材。DHA、EPAなどの栄養素が豊富なので、積極的にとりたいですね。そのまま食べても美味しい缶詰ですが、ひと手間かけると極上のつまみになります。鮭缶にオーロラソースとチーズをかけて、トースターで焼きます。まろやかなソースが洋風の味わいを加えます。

材料 2人分

- 鮭水煮缶…1缶（180g）
- A
  - ウスターソース…小さじ1
  - マヨネーズ…大さじ1
  - トマトケチャップ…大さじ1/2
  - 塩…少々
  - こしょう…少々
- ピザ用チーズ…30g

作り方

1 [A]を混ぜ合わせてオーロラソースを作る。

2 缶汁を切った鮭を一口大にほぐして耐熱容器に入れ、1をかけ、チーズをのせる。

3 オーブントースターでチーズが色づくまで焼く。お好みでクラッカーやバゲットにのせて食べる。

菜の花とパプリカを巻いて洋風ソースで

肉巻き2種

材料 2〜3人分
（菜の花４本・パプリカ４本）

- 牛薄切り肉…8枚（約220g）
- 菜の花…1/2束
- 赤パプリカ…1/2コ
- 黄パプリカ…1/2コ
- 塩…小さじ1/3
- こしょう…少々
- 小麦粉…適宜
- サラダ油…大さじ1
- **A** 水…大さじ1
  - ウスターソース…大さじ1/2
  - トマトケチャップ…大さじ1
  - 粒マスタード…小さじ1
  - バター… 3g

作り方

1 菜の花は濡れたまま、電子レンジ（600W）で1分加熱し、根元の固い部分を切り落とす。パプリカ（赤・黄）は1/2コを縦に8等分する。

2 牛肉を広げ、肉1枚につき菜の花2本、計4本巻く。パプリカも同様に肉1枚につき赤・黄2本ずつ計4本巻く。

3 **2**に塩・こしょうをふり、小麦粉をまぶす。

4 フライパンにサラダ油を中火で熱し、**3**の巻き終わりを下にして並べる。途中で転がし、全体に焼き色がついたら皿に盛る。

5 **4**のフライパンに［**A**］を入れ、煮立たせてソースを作り、肉巻きに回しかけて完成。

和風もいいけど洋風も最高！

大将の動画はこちら

肉巻きは、肉の種類や中の具材でバリエーションがいろいろ。春には旬の菜の花と彩りのよいパプリカを牛肉で巻き、赤・黄・緑が華やかな一品を作ります。肉巻きは甘辛しょうゆ味で仕上げることが多いですが、〝ますや〟ではウスターソースやケチャップを使った洋風ソースが定番。粒マスタードの風味やバターのコクが利いて、ハイボールやビールによく合います。

スパイスがかぐわしい具をレタスに包んで

メキシカン風サラダ

材料 2〜3人分

合いびき肉…120g
玉ねぎ…1/2コ
オリーブ油 …大さじ1
A
塩…1つまみ
こしょう…1つまみ
チューブのにんにく…小さじ1
クミンパウダー…小さじ2
チリパウダー …小さじ1
トマトケチャップ…大さじ3
トマト…1/2コ
アボカド …1/2コ
ミックスビーンズ …50g
トルティーヤチップス…10枚
レタス…適宜

作り方

1 玉ねぎは粗みじん切りにする。

2 フライパンにオリーブ油を熱し、**1**を中火で炒める。玉ねぎに火が通ったら合いびき肉を加えて炒める。[**A**] を入れてさらに炒め、味を調える。

3 トマトは1.5cm角に切る。アボカドは縦半分に種まで包丁を入れ、1周切り込みを入れる。両手で持ち軽くひねって2つに割り、種を取り除く。皮をむき、1.5cm角に切る。

4 **2**をボウルに入れ、**3**、ミックスビーンズを加えて混ぜ合わせる。

5 **4**を器に盛り、砕いたトルティーヤチップスをトッピングする。

6 食べやすくちぎったレタスで**5**を包んで食べる。

1

2

4

5

6

ひき肉、玉ねぎ、トマト、アボカド、ミックスビーンズとボリュームたっぷりの具を、レタスで包んで食べます。メキシコ料理のタコスの具に似ていますが、メキシコ料理と胸を張るほど本格的でもないので、あえてぼかして「メキシカン風」としています（笑）。欠かせないのが、クミンパウダーとチリパウダー。スパイスの風味がビールやハイボールによく合います。

大将の動画は
こちら

Column 2

時短を心がける

早く作りたいから、カット野菜や冷凍食材を使う

せっかちな性分なので、料理は早く作りたい＝早く食べて呑みたいんです。そこで調理時間短縮のために、日頃から冷凍食材やカット野菜、水煮野菜などを活用しています。冷凍食材の買い置きの定番は、ミックスベジタブルとシーフードミックス。ブロッコリー、ほうれん草、いんげんなどの単品も、忙しい時でも手軽に野菜がとれるのでストックしています。

　コンビニでも買えるカット野菜は、きのこなどをプラスして炒めたり、主菜に添えたり。水煮野菜のパックは、手間のかかる煮物がすぐにできるうえ、食材を余らせて無駄にすることもないので一石二鳥。筑前煮用やカレー用などメニュー別の商品もあって便利です。

　あとはさんまの蒲焼や鮭の水煮などの缶詰もストックしています。缶のままコンロで温めれば、即席つまみのできあがりです。

僕は野菜が大好きなので、冷凍野菜を常備しています。皮をむく、茹でるといった手間が省け、必要な量だけ使えるのも便利。シーフードミックスや水煮野菜もよく購入します

本書で紹介する「鮭ちゃんちゃん焼き」のように、多彩な野菜を脇役にする場合は、袋入りのミックス野菜を使うことも

あっさり

もう一品欲しい時に
野菜や豆腐、卵を使って
簡単なのに手のこんだ味

火を使わず調味の妙で手早く美味しく

パパッと瞬速！
酒のすすむ冷菜3種

アボカドまぐろ

材料 2人分

- アボカド… 1コ
- まぐろの赤身（さく）…100g
- 市販のごまダレ…大さじ3
- チューブのわさび…小さじ1

作り方

1 アボカドは種と皮を取り、1cm角に切る。

2 まぐろは1と同じくらいの大きさに切る。

3 ボウルでごまダレとわさびを混ぜ合わせ、1、2を和える。お好みで白ごまをふる。

クリームチーズやっこ

材料 2人分

- クリームチーズ…18g×2コ
- 削り節…適宜
- しょうゆ…適宜

作り方

1 クリームチーズを4等分に切る。

2 1を皿に盛り、削り節としょうゆをかける。

たこレモン塩

材料 2人分

- 茹でだこの足…100g
- レモン…1/8コ
- 塩…適宜

作り方

1 たこは薄くそぎ切りにする。

2 1を皿に並べ、レモンを搾り、塩をふる。

火を一切使わずに作れる、手軽だけれど美味な冷菜です。「たこレモン塩」は、20年ほど前に大阪の居酒屋で食べてその美味しさに衝撃を受け、作り方を教えてもらいました。「クリームチーズやっこ」は見たままのシンプルなつまみですが、クセになる味わい。「アボカドまぐろ」は僕が考えたメニューで、濃厚なごまダレにわさびをツーンと利かせて味を引き締めます。

大将の動画はこちら

春キャベツや新玉ねぎと一緒に春を味わう

あさりの酒蒸し

大将の動画は
こちら

春を迎えると身がふっくらとして旨味が増すあさりを、酒蒸しでいただきます。酒蒸しは居酒屋の定番メニューですが、〝ますや〟ではキャベツと玉ねぎをたっぷり加えるのがポイント。ボリュームが出るうえ、甘味たっぷりの春キャベツと新玉ねぎにあさりのだしが染みて、なんとも美味。作り方も簡単で、使う調味料も最小限。シンプルに旬を味わいましょう。

材料 2人分

あさり（殻付き）	300g
春キャベツ	1/4コ
新玉ねぎ	1コ
酒	大さじ4
塩	2つまみ

作り方

1 あさりは砂抜きし、流水で殻をよく水洗いする。

2 春キャベツは大きめのざく切り。新玉ねぎは縦半分に切ってから繊維に沿って1cm幅に切る。

3 フライパンに**2**を入れて弱めの中火で熱し、酒大さじ1を加えてふたをして蒸す。1分半ほど蒸したら塩1つまみを加え、さらに1分ほど蒸す。

4 **1**を加え、さらに塩1つまみと酒大さじ3を加える。ふたをして弱火にして3〜4分蒸し、あさりの口が開いたら完成。

旨味・風味たっぷりの肉みそが後を引く

肉みそもやし

材料 2人分

- きゅうり …1/2本
- もやし… 1/2袋
- 豚ひき肉…150g
- サラダ油… 小さじ1
- ミックスナッツ…20g
- **A**
  - みそ…大さじ2
  - チューブのしょうが… 小さじ2
  - チューブのにんにく …小さじ1
  - 酒 …大さじ2
  - みりん … 大さじ2

作り方

1 [A] をボウルで混ぜ合わせておく。

2 きゅうりは千切りにする。

3 もやしは茹で、冷水にとってざるに上げ、水気を切って手で軽く絞る。

4 フライパンにサラダ油を熱し、中火で豚ひき肉を炒め、色が変わったら**1**を加えて水分が飛ぶまで火を通す。余分な油をペーパータオルで取り除く。

5 チャック付きポリ袋にミックスナッツを入れ、すりこ木などで粗く砕く。

6 ボウルに**2**、**3**、**4**を入れ、混ぜ合わせる。

7 器に盛り、**5**をのせて完成。

手軽に作れてお酒がすすむ、〝ますや〟の定番おつまみです。にんにくとしょうがの風味が利いた旨味たっぷりの肉みそは、ご飯にのせて食べてもよいですが、茹でたもやしと千切りきゅうりと合わせれば、お酒がすすむヘルシーなおつまみになります。ポイントは、仕上げに砕いたミックスナッツをトッピングすること。風味と食感が格段にアップします。

大将の動画は
こちら

居酒屋の「お通し」のような粋な２品

ねぎぬた／明太しらたき

ねぎぬた

材料 2人分

- 長ねぎ…1本
- 油揚げ…2枚
- **A** みそ…大さじ2
  - みりん…大さじ2
  - 酒…大さじ2
  - 酢…大さじ3
  - 砂糖…小さじ1
  - 練りからし…小さじ1+1/2

作り方

1 長ねぎは5cm長さに切る。

2 油揚げは短冊切りにし、フライパンで焼き目がつくまで焼く。

3 熱湯で**1**を約5分茹でる。**2**を加えてさっと茹で、ざるに上げる。粗熱が取れたらねぎを縦半分に切る。すぐに冷ましたい場合は、冷水にとってもよい。

4 ねぎと油揚げの水気を絞り、合わせておいた［**A**］と和える。

明太しらたき

材料 3人分

- 明太子…1腹（2本）
- しらたき（あく抜き済み）
  …1袋（350g）
- マヨネーズ…大さじ2
- 白ごま…小さじ1
- 刻みのり…適宜

作り方

1 明太子は薄皮に切れ目を入れ、包丁の先で中身をこそげ出す。

2 しらたきは食べやすい長さに切り、フライパンで水分がなくなるまで中火で空炒りする。

3 **2**にマヨネーズを加え、全体に絡むように炒める。

4 **1**と白ごまを加え、手早く混ぜ合わせる。

5 器に盛り、刻みのりを添える。

家にある材料で手軽に作れ、お通しにピッタリの2品です。ねぎぬたは、シャキシャキ感が美味しいねぎと焦げ目をつけた油揚げを酢みそで和えたさっぱり味のおつまみ。明太しらたきは、店で食べた味を自分なりに再現しました。炒める時にマヨネーズを使ってコクを出すのがポイントで、プリッとしたしらたきとピリ辛の明太子はやみつきになる味です。

大将の動画は
こちら

香味野菜の風味が爽やかな夏の晩酌の供

なすときゅうりのモミモミ

材料 2人分

なす…1本

塩…2つまみ

きゅうり…1本

みょうが…1コ

大葉…5枚

貝割れ菜…半パック

しょうが…1かけ

市販の青じそドレッシング（ノンオイル）…大さじ2

白ごま…小さじ2

作り方

1 なすは縦半分に切り5mm厚さに切る。ボウルに入れて塩2つまみをまぶす。

2 きゅうりはスライサーで薄切りにし、**1**に加えて混ぜ合わせる。手でもみ、水分を絞る。

3 みょうがは縦半分に切り斜め薄切りにする。大葉は縦4等分にして重ねて千切りに、貝割れ菜は根元を落として3等分にする。しょうがは皮をむいてみじん切りにする。**2**のボウルに加え、混ぜ合わせる。

4 ドレッシングを加えて和え、白ごまをふって完成。

夏野菜の代表格、なすときゅうりを多彩な香味野菜と和える、さっぱりとした副菜です。暑さがこたえた一日の終わり、冷酒のお供に最高ですよ。作る時のポイントは、しょうが。チューブのものではなく、土しょうがをみじん切りにすることで、食感と香り、風味を際立たせます。調理に火を使わないで和えるだけなのも、夏に嬉しい一品です。

大将の
動画はこちら

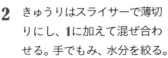

焼きそら豆

ホクホクの食感を3種の変わり塩で味わう

材料 2人分

そら豆（さやつき）	8本
塩	適宜
抹茶	適宜
カレー粉	適宜
粉さんしょう	適宜

作り方

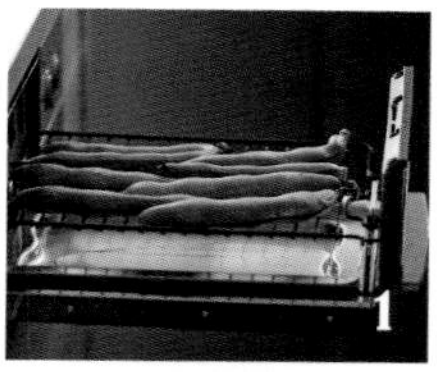

1. そら豆はさやつきのまま魚焼きグリルに並べ、強火で両面に黒い焦げ目がつくまで焼く。
2. 3種類の変わり塩を作る。抹茶塩は塩1:抹茶3、カレー塩は塩1:カレー粉1、さんしょう塩は塩1:粉さんしょう1の割合でそれぞれ混ぜ合わせる。
3. **1**を皿に盛り、**2**をつけて食べる。

初夏に旬を迎えるそら豆は、さやごとグリルで焼くのが最高です。さやの中で蒸し焼きにされた豆は、旨味が凝縮してホクホクの食感。下ごしらえもなく焼くだけと簡単なので、添える塩にひと工夫しましょう。抹茶、カレー、さんしょうの変わり塩がそら豆の味を際立たせ、ビールもすすみます。僕のイチオシはさんしょう塩。爽やかな香りと辛さがたまりません。

大将の動画はこちら

納豆やちくわを焼きのりで巻いて香ばしく

2種の手巻きおつまみ

ねばねばのり巻き

材料 2人分

- 小粒納豆 …1パック
- きゅうり…1本
- たくあん…3cm
- オクラ…3本
- 山芋…6cm
- 卵黄…1コ分
- しょうゆ…大さじ1
- チューブのからし…約3cm分
- チューブのわさび… 約3cm分
- 焼きのり…適宜

作り方

1 納豆はボウルに入れて混ぜる。

2 きゅうりは5mm厚さのいちょう切り、たくあんは1cmの角切り、オクラは小口切りにする。山芋は皮をむき、半分は1cm角に切り、残り半分はすりおろす。

3 **1**に**2**と卵黄を加えてよく混ぜる。しょうゆ、からし、わさびで味を調える。

4 焼きのりを10cm四方に切り、**3**を巻いて食べる。

ちくわのり巻き

材料 2人分

- ちくわ …4本
- ベビーチーズ…2コ
- きゅうり…1/4本
- 焼きのり… 適宜

作り方

1 きゅうりをちくわの穴に合わせた太さ、長さに切り、ちくわ2本に詰める。きゅうりの角をピーラーで削るとちくわに詰めやすい。

2 ベビーチーズは縦3等分に切り、ちくわ2本の穴に詰める。

3 **1**、**2**を半分の長さに切り、さらに斜め半分に切る。

4 焼きのりを約5cm×10cmに切り、**3**を巻いて食べる。

思い立ったらすぐに作れる簡単なおつまみ。用意した具材を、各自で手巻きするスタイルも気軽だと好評です。「ねばねばのり巻き」は、30年ほど前に大阪の居酒屋で初めて食べました。わさびとからしを両方入れるのがポイントで、2種類の「ツーン」がたまりません。「ちくわのり巻き」は、きゅうりとチーズを詰めたちくわを、のりで巻くことでさらに美味しくいただけます。

大将の
動画はこちら

鰹の伝統的な加工品を使ってパパッと作る

なまり節のつまみ2種

ほぐし煮

材料 3〜4人分

- 鰹のなまり節（生節）…200g
- **A** 水… 200mℓ
  - 酒…大さじ3
  - みりん… 大さじ3
  - 砂糖…小さじ1
  - 塩…2つまみ
  - しょうゆ…大さじ4
- しょうが…1かけ

作り方

1 なまり節は手で一口大にほぐす。

2 鍋に［A］を入れ中火にかけ、**1**を入れる。

3 煮立ったらマッチ棒大に切ったしょうがを加え、落としぶたをして弱火で10分ほど煮て完成。

酢の物

材料 3〜4人分

- 鰹のなまり節（生節）…100g
- きゅうり…1本
- 新玉ねぎ…1コ
- 塩 …1つまみ
- **A** 酢…大さじ6
  - みりん…大さじ1/2
  - 砂糖…2つまみ
  - 塩…1つまみ
  - チューブのしょうが…約5cm分
- 貝割れ菜…1/2パック
- 白ごま…小さじ2

作り方

1 なまり節は一口大にほぐす。

2 きゅうりは縦半分に切ってから2〜3mm幅に斜め切り。新玉ねぎは縦半分に切ってから繊維に沿って5mm幅に切る。

3 ボウルに**2**を入れ、塩を加えてよく混ぜ、5分ほどおく。しんなりとしたら、合わせた［A］、**1**を加えてよく混ぜる。

4 半分に切った貝割れ菜と白ごまを加えて完成。

大将の
動画はこちら

鰹を加熱加工した、なまり節。そのままでも食べられ、旨味が凝縮しているので、手軽に酒肴《しゅこう》が作れます。「ほぐし煮」は、僕にとって懐かしいおふくろの味。母の料理を思い出しながら考えたレシピです。たっぷりの野菜と和える「酢の物」は、しょうがを利かせてさっぱりとした風味に仕上げます。2品とも冷酒や焼酎のお供にどうぞ。

淡白な魚がバターや粉さんしょうで大変身

かじきソテー

材料 2人分

- めかじき切り身…2切れ
- 塩…適宜
- こしょう…適宜
- バター…10g
- **A** 酒…大さじ2
  - しょうゆ…大さじ1
  - みりん…大さじ1
  - チューブのしょうが…小さじ1
  - チューブのにんにく…小さじ1
- 粉さんしょう… 適宜

作り方

1 ボウルに［**A**］を入れ、混ぜ合わせておく。

2 めかじきの両面に塩・こしょうをふる。

3 フライパンにバターを熱して**2**を入れ、中火で両面に焼き目がつくまで焼く。

4 **1**を加えて弱火で少し煮詰め、めかじきに絡める。

5 皿に盛り、粉さんしょうをふる。焼き野菜を添えてもよい。

「この頃、食事が肉に偏っているな」と感じた時に、よく作るメニューです。通年で手に入りやすい、めかじきの切り身を、しょうがとにんにくを利かせて食欲そそる和風ソテーに仕上げます。めかじきは淡白な味わいなので、焼く時にバターを使ってコクをプラスするのがポイント。最後に粉さんしょうをふれば、日本酒に合うつまみのできあがりです。

大将の動画は
こちら

白ワインとバターの風味で美味しさアップ

アスパラと帆立のバター炒め

材料 2人分

グリーンアスパラガス	…5本
帆立貝柱（刺身用）	…10粒
バター	…10g
塩	…2つまみ
白ワイン	… 大さじ2
粗びきこしょう	…2つまみ

作り方

1 アスパラガスは根元の固い部分を切り落とし、斜め3等分に切る。

2 フライパンにバターを入れて弱火で熱し、帆立を炒める。両面の色が変わったら**1**を加え、塩をふってアスパラガスに火を通す。

3 白ワインを加えてふたをし、1分ほど蒸し焼きにする。粗びきこしょうで味を調えて完成。

5～8月に旬を迎えるアスパラを使った、簡単おつまみです。毎年この時期になると、北海道・富良野の知人がアスパラを送ってくれます。昔と違ってほぼ年中手に入りますが、旬のものは香り、歯ごたえ、味わいともに格別で、毎年心待ちにしているんです（笑）。帆立と一緒にバターで炒めるだけで、白ワインに合う洒落た一皿が完成です。

大将の
動画はこちら

エレベーター（揚げおろし）

料理名は「上げ」と「下ろし」のダジャレ！

材料 2人分

厚揚げ…約150g

大根…3cm（輪切り）

しょうが…1かけ

市販のポン酢しょうゆ
…適宜

作り方

1 厚揚げは1cm幅に切り、中火のフライパンで素焼きする。

2 大根としょうがは皮をむき、すりおろす。

3 **1**の両面がきつね色に焼けたら、皿に盛り**2**をのせてポン酢しょうゆをかける。お好みで刻みねぎを散らす。

1

2

大将の
動画はこちら

僕が初めて「エレベーター」を食べたのは、京都に行くと顔を出す居酒屋。メニューを見て悩んだあげくおかみさんに「これ何？」と聞くと、「エレベーターってどうなる？上げて下ろすやろ、お揚げと大根おろしやんか」と言われ「なるほど!!」と注文しました。その店では油揚げを使っていましたが、僕は厚揚げに替えてアレンジしました。カリッと焼くのが、美味しく仕上げるポイントです。

小さく丸めればおつまみにぴったり

豆腐ハンバーグ

材料 2〜3人分

- 木綿豆腐…200g
- ひじき（乾燥）…3g
- にんじん…1/2本
- 鶏ひき肉…200g
- **A**
  - 塩…小さじ1/2
  - こしょう…少々
  - チューブのしょうが…約2cm分
- 卵黄…1コ分
- 片栗粉…大さじ1/2
- サラダ油…大さじ1

作り方

1 豆腐は水切りし、ひじきは水で戻しておく。

2 にんじんは皮をむき粗みじん切りにする。ひじきは1cm長さに切る。

3 フライパンを中火にかけ、にんじんを軽く炒める（フライパンによってはサラダ油を使用）。

4 ボウルに**3**、ひじき、鶏ひき肉を入れ、豆腐を手で崩しながら加えて混ぜる。

5 [**A**] と卵黄を加えてさらに混ぜる。8等分にして小判型に成形し、片栗粉をまぶす。

6 フライパンにサラダ油を熱し、**5**を両面がこんがりと色づき、火が通るまで中火で焼く。

7 器に盛り、お好みで大根おろしとポン酢しょうゆで食す。

木綿豆腐と鶏ひき肉を合わせた、しっとり柔らかなハンバーグです。豆腐とひじきが入ってヘルシーなのはもちろん、鶏ひき肉のやさしい旨味としょうがの風味で滋味深く仕上がります。ハンバーグというとおかずのイメージですが、小ぶりにすれば、おつまみとしても気の利いた一品になります。大根おろしとポン酢しょうゆで、さっぱりと食すのもオススメです。

大将の動画は
こちら

2種のトッピングでお酒のすすむ一品に

アレンジ冷ややっこ

冷ややっこ（ザーサイきゅうり）

材料 1人分

- 絹ごし豆腐…150g
- きゅうり …1/2本
- ザーサイ…30g
- ごま油…適宜

作り方

1 きゅうりは縦4等分にし、3㎜厚さのいちょう切りにする。ザーサイはきゅうりと同じくらいの大きさに切る。

1

2 ボウルに**1**を入れ、ごま油で和える。

2

3 豆腐を器に盛り**2**をのせる。お好みで白ごまを散らしてもよい。

冷ややっこ（納豆キムチ）

材料 1人分

- 絹ごし豆腐…150g
- 納豆…1パック
- 納豆付属のタレ…適宜
- 納豆付属の練りからし…適宜
- キムチ…30g

作り方

1 納豆はボウルに入れてよくかき混ぜる。タレとからしを加えてさらに混ぜる。

1

2 キムチを1cm四方に刻んで**1**に加え、混ぜ合わせる。

2

3 豆腐を器に盛り**2**をのせる。

豆腐はどんな食材とも仲良くなれます

大将の動画はこちら

おなじみの冷ややっこをアレンジして、冷酒や焼酎に合うおつまみに。ひと手間かけたトッピングをたっぷりのせれば、食べごたえも十分です。「ザーサイきゅうり」は、刻んだ具材の歯ごたえとごま油の香りがたまりません。発酵食品を組み合わせた「納豆キムチ」は、納豆付属のタレと練りからしで味つけします。どちらのトッピングも淡白な豆腐と相性抜群です。

もちもちの車麩がくせになる沖縄料理

フーチャンプルー

材料 2〜3人分

- 車麩…3枚（30g）
- 豚切り落とし肉…100g
- にんじん…1/4本
- にら…1/4束
- もやし…1/2袋
- 溶き卵…2コ分
- サラダ油…大さじ1
- **A**
  - 塩…2つまみ
  - こしょう…小さじ1/3
  - 顆粒和風だし…小さじ1
  - 泡盛…大さじ3
- しょうゆ …大さじ1

作り方

1 車麩はたっぷりの水に約30分浸して戻し、水気を絞る。

2 にんじんはピーラーでスライスする。にらは5cm長さに切る。

3 車麩を4等分に切り、ボウルに入れた溶き卵に浸して絡ませる。

4 フライパンにサラダ油を熱し、中火で豚肉を炒める。豚肉に焼き目がついたら、にんじんを加え、さらに炒める。火が通ったら、もやし、にら、**3**の車麩と［**A**］を加えて炒める。

5 全体に味がなじんだら、しょうゆで味を調え、**3**の溶き卵の残りを加えてとじて完成。

2

3

4

5

僕は中日ドラゴンズの大ファンで、約10年前から沖縄での春季キャンプを訪れています。沖縄料理も大好きで、現地ではもちろんのこと、東京にも行きつけの店があります。自分では、野菜炒めのバリエーションとしてチャンプルーをよく作ります。車麩を使うフーチャンプルーは、もちもちとした食感がくせになる美味しさ。野菜もたっぷりとれるヘルシーなおつまみです。

大将の動画は
こちら

からししょうゆで食べるシンプルな鍋

豚レタスしゃぶしゃぶ

材料 2人分

- 豚薄切り肉…200g
- レタス…1玉
- 長ねぎ（薬味）…1本
- にんにく…2かけ
- 水…500mℓ
- しょうゆ…適宜
- 練りからし…適宜

作り方

1 レタスは芯を取り、手で4等分に割る。長ねぎは縦半分に切って小口切りにする。

2 厚めにスライスしたにんにくを土鍋に入れて水を加え、中火にかける。

3 煮立ったら豚薄切り肉、レタスを入れてさっと茹でる。

4 取り皿にしょうゆを入れお好みで鍋のだしを加え、からしを溶いてタレにする。薬味のねぎを加えて食す。

大将の動画はこちら

レタス1玉をペロリと食べられるヘルシーな鍋です。からししょうゆのタレは、葉野菜たっぷりの「草鍋」が名物の、大阪・九条にあった店で知りました。鍋にからしを使うのは珍しいと思いますが、豚肉と野菜の味をキリッと引き立ててくれます。レタスは火を通すとかさが減るので、大きめにちぎるのがポイントです。お好みで豆腐やえのきだけなどを加えてください。

コリコリ歯ごたえをふわふわっと包み込む

きくらげ卵炒め

材料 2人分

- 卵…3コ
- ごま油…大さじ3
- きくらげ(生)…1パック（約70g）
- 玉ねぎ…1/2コ
- トマト…1コ
- **A**
  - 塩…1つまみ
  - こしょう…適宜
  - チューブのにんにく…小さじ2
  - チューブのしょうが…小さじ2
  - 鶏ガラスープの素…2つまみ
  - 酒…大さじ1
  - しょうゆ…小さじ1

作り方

1 フライパンにごま油大さじ2を強火で熱し、溶き卵を一気に流し入れる。大きめの炒り卵を作り、皿に取る。

2 きくらげは石突きを取り、食べやすい大きさに切る。玉ねぎは1cm幅のくし切りに、トマトは切り口の白い筋に沿ってくし切りにする。

3 フライパンにごま油大さじ1を熱し、玉ねぎ、きくらげを中火で炒め、[A] を順に加える。

4 トマトを加え火が通ったら、**1**の卵を戻し入れ、さっと炒め合わせて完成。

若かりし劇団員時代の行きつけが、安くて美味しくてボリュームたっぷりの中華屋さん。そこでこの炒め物を食べたところ気に入り、自分でも作るようになりました。6〜9月が旬の生きくらげを使いましたが、乾燥きくらげでもOK。炒めるだけと簡単ですが、食感の違いを楽しめるのが魅力です。卵は先に炒めておき最後に戻し入れると、ふわっふわに仕上がります。

大将の動画はこちら

中華風のさっぱり甘酢が食欲そそる

かにかまオムレツ

材料 2人分

- かにかまぼこ…10本
- 万能ねぎ…2本
- 卵…2コ
- 塩…1つまみ
- こしょう…適宜
- マヨネーズ…大さじ2
- ごま油…小さじ1/2+大さじ1
- 顆粒和風だし…2つまみ

A
- トマトケチャップ…大さじ2
- 酢…大さじ2
- しょうゆ…小さじ1
- 砂糖…大さじ1
- 水…小さじ1
- ごま油…小さじ1/2

作り方

1 甘酢を作る。[A] をよく混ぜ合わせる。

2 かにかまぼこは細く裂き、万能ねぎは2〜3㎜幅に小口切りし、ボウルに入れる。

3 **2**のボウルに卵を入れて溶きほぐし、塩・こしょう、マヨネーズ、ごま油小さじ1/2、顆粒和風だしを加え、よく混ぜる。

4 小さめのフライパンにごま油大さじ1を強火で熱し、**3**を流し入れて軽く混ぜ、8割ほど火が通ったらひっくり返す（フライパンよりひと回り大きな皿をかぶせてフライパンごとひっくり返して卵を取り出し、皿から滑らせるようにフライパンに戻してもよい）。さらに1分ほど焼いたら皿に盛る。

5 **1**をかけ、お好みで万能ねぎを散らす。

最近のかにかまぼこは進化していて、思わず本物のかにと間違えるほどですよね。手頃なお値段でたんぱく質が豊富、そのまま食べても美味しいという優れものです。そのかにかまぼこをたっぷり使ったオムレツは、食べごたえのある一皿。溶き卵にマヨネーズを加えるとふわふわになるので、ぜひお試しください。甘酢はあえてとろみをつけず、シンプルに仕上げます。

大将の動画はこちら

4種のきのこの旨味が口に広がる

きのこオムレツ

材料 2人分
※20㎝径のフライパン使用

- 卵…3コ
- A 塩…小さじ1/4
  - こしょう…少々
  - マヨネーズ…大さじ1
  - 粉チーズ…5g
  - 牛乳…大さじ1
- マッシュルーム…1コ
- まいたけ…1/4パック
- しめじ…1/4パック
- えのきだけ…1/4袋
- トマト…1/2コ
- バター… 10g

作り方

1 ボウルに卵を溶き、[A] を順に加えて混ぜる。

2 マッシュルーム、まいたけ、しめじ、えのきだけを粗みじん切りにする。トマトは1㎝角に切る。

3 **1**のボウルに**2**を加え、混ぜる。

4 フライパンにバターを入れて中火にかけ、**3**を流し入れる。周りが固まり始めたら両側から折り畳むようにまとめて成型する。皿に盛り、お好みでケチャップをかけて食べる。※形が崩れたら、熱いうちにペーパータオルをかぶせて手で形を整えるとよい。

マッシュルーム、まいたけ、えのきだけ、しめじと4種類のきのこを使った贅沢なオムレツです。きのこの種類はお好みで結構ですが、風味が増すので2種類以上使うのがオススメ。オムレツというと朝食のイメージがあるかもしれませんが、卵液にマヨネーズや粉チーズを加えるとコクが増し、お酒に合う食べごたえのあるオムレツに仕上がります。白ワインと一緒にどうぞ。

大将の動画はこちら

味つけなしで簡単！ モリモリ食べられる

春キャベツと コンビーフの炒め物

コンビーフとじゃこの
塩気で味つけバッチリ

大将の動画は
こちら

子供の頃、缶についた巻き取り鍵でコンビーフを開けるのが楽しみでした。今は缶の形状も進化しましたが、旨味が凝縮した味わいは変わりません。甘くて柔らかい春キャベツと組み合わせれば、おつまみにぴったりの一品になります。さらに、じゃこを加えることで香ばしさが加わり、やみつきの味わいに。キャベツの芯や硬い軸も薄く切れば、すべて美味しく食べられます。

材料 2人分

春キャベツ…1/2コ
サラダ油…大さじ1
コンビーフ…1缶（80g）
じゃこ…20g
粗びきこしょう…小さじ1/2

作り方

1 キャベツは芯を取り、葉を一口大にざく切りする。芯と軸は薄切りして使う。

2 フライパンにサラダ油を熱し、中火で1を炒める。全体に油が回ったら、コンビーフをフォークでほぐしながら入れ、さらにじゃこを加えて炒め合わせる。

3 粗びきこしょうをふって完成。

1

2

2

2

バジルが香る爽やかドレッシングで野菜を楽しむ

イタリアンごろっとサラダ

材料 2人分

- ブロッコリー…小房4コ
- カリフラワー…小房4コ
- きゅうり…1本
- ミニトマト…6コ
- ブラックオリーブ …5コ
- モッツァレラチーズ（小粒）…10コ
- 玉ねぎ…1/4コ
- バジルの葉…3枚

ドレッシング

- オリーブオイル…大さじ4
- 白ワインビネガー…大さじ4
- 塩…小さじ1/2
- 粗びきこしょう…小さじ1/2

作り方

1 ブロッコリーとカリフラワーは茹でる。きゅうりは乱切り、ミニトマトは半分に切る。ブラックオリーブは小口切りにする。

2 玉ねぎとバジルは粗みじん切りにする。

3 ボウルに**2**と［**ドレッシング**］の材料を入れ、混ぜる。

4 **3**のボウルにモッツァレラチーズと**1**を入れて和え、器に盛りつける。

トマトが苦手な〝ますや〟の常連に、トマトとモッツァレラチーズのサラダ「カプレーゼ」を作ったところ「美味しい、美味しい」と、見事に苦手を克服。そのカプレーゼの発展形として、野菜の種類を増やしたのがこのサラダです。具材はお好みで結構ですが、食感を楽しむために大ぶりに切ってください。味の決め手は粗みじん切りの玉ねぎの旨味が利いたドレッシングです。

大将の動画はこちら

夏野菜の水分で煮込み旨味がギュッ

ラタトゥイユ

材料 4人分

- 玉ねぎ…1コ
- ズッキーニ…1本
- なす…1本
- ピーマン…2コ
- 黄パプリカ…1コ
- にんにく…1かけ
- オリーブオイル…大さじ2
- 塩…2つまみ
- こしょう…適宜
- トマト水煮缶（カット）…1缶
- 顆粒コンソメ…小さじ2
- 赤ワイン…大さじ2
- バジル（乾燥）…1つまみ

作り方

1 玉ねぎは粗みじん切り、ズッキーニとなすは縦4等分にして1cm幅に切る。ピーマンは縦4等分にして1cm幅に切る。黄パプリカは縦8等分にして1cm幅に切る。

2 鍋にオリーブオイルを熱し、スライスしたにんにくを入れて弱火で炒める。香りが立ったら中火にして**1**を加えて炒め、塩・こしょうを加えてさらに炒める。野菜に火が通ったらトマト缶と顆粒コンソメを加える。

3 弱めの中火で5分ほど煮たら、赤ワインを加えてアルコール分を飛ばし、仕上げにバジルを加えて完成。

昔から野菜のトマト煮をよく作っていたのですが、最近になってこの料理がフランス発祥の煮込み料理「ラタトゥイユ」だと知りました（笑）。煮込み時間は5分ほど。野菜の美味しさを堪能でき、冷やしても美味しい一品なので、ぜひ作ってみてください。最後に加える赤ワインとバジルが、深みのある味わいのポイントです。

大将の動画は
こちら

弾力最強食材の美味しいタッグマッチ

たことこんにゃくのサイコロステーキ

材料 2〜3人分

茹でだこ…約150g

板こんにゃく（あく抜き済み）

…1枚（170g）

にんにく…1かけ

オリーブオイル…大さじ2

とうがらし（輪切り）…小さじ1

A 塩…小さじ1

こしょう… 2つまみ

鶏ガラスープの素…小さじ1

みりん…大さじ1

バジル（乾燥）…2つまみ

作り方

1 たこは一口大に切る。こんにゃくは1.5㎝角のサイコロ状に切る。

2 にんにくはスライスする。

3 フライパンにオリーブオイルを入れ、弱火で**2**を炒める。香りが立ったら、とうがらしとこんにゃくを加えて中火で炒める。こんにゃくの全ての面に焼き目がついたら、たこを加え炒め合わせる。

4 ［A］を加え、みりんで味を調え、バジルを加えて完成。

大将の動画はこちら

スペインのおつまみ「アヒージョ」風の一皿です。たことこんにゃくという意外な組み合わせが〝ますや〟流。それぞれの食感が楽しめると好評です。美味しく作るコツは、サイコロ状に切ったこんにゃくをしっかり炒めること。水分が飛んで、味が染みやすくなります。最後に加えるバジルの風味が利いて、白ワインがすすむ味です。

混ぜるだけ！ワインにピッタリのつまみ

アボカドディップ

材料 2人分

	アボカド …1コ
	茹で卵…1コ
A	塩…2つまみ
	こしょう…適宜
	チューブのにんにく…大さじ1
	ピクルス（きゅうり酢漬け）…小1本（約20g）
	マヨネーズ…大さじ2
	レモン果汁…大さじ1
	バゲット …適宜

作り方

1 アボカドは皮と種を取り、ボウルに入れてマッシャーやフォークなどでつぶす。

2 茹で卵は粗みじん切りにし、**1**のボウルに加える。

3 **2**を混ぜながら、[**A**] を加える。

4 ピクルスをみじん切りにして加える。

5 マヨネーズ、レモン果汁を加えて混ぜる。器に盛り、バゲットを添える。

友人が自宅に遊びに来た時に、メキシコ料理の「ワカモレ」を作ってくれたんです。とても美味しかったので自分でも作ってみたのですが、彼が使っていたトマトと玉ねぎを切らしていて。そこで茹で卵とピクルスに置き替えたところ、食感もよく味もバッチリ。以来、このディップが〝ますや〟の定番になりました。たっぷりのにんにくが利いて、白ワインがすすみます。

大将の動画はこちら

Column 3

食感を大事にする

いろいろな食材を咀嚼しながら、お酒をキュッとね

カリカリ、シャキシャキ、プチプチ、トロトロ……食感を意識すると、料理の出来が一段上がるように感じます。例えば、焼き鳥屋のつくね。軟骨入りのものを初めて食べた時は、コリコリの食感を新鮮に感じました。

　本書のレシピでも、メニューによって玉ねぎの切り方を変えたり、ミックスナッツを砕いたものをトッピングしたりと工夫して食感を大事にしています。

　食感を意識しながら調理をすると料理に奥行きが出て、食べた時の満足感がぐっと増すんです。いい茹で加減でシャキシャキした野菜を巻いた肉巻きや、卵とコリコリきくらげの炒め物のように、一つの料理の中で異なる食感を組み合わせることもあります。ほおばった時の競演は美味しさにつながります。

　僕にとって食感を楽しむとは、ゆっくり咀嚼を楽しむことです。歯ごたえや舌触りを感じつつ、お酒を呑むと一層すすむんですよね。

丁寧に咀嚼して口の中に美味しさが残っている間にキュッと酒を呑むのが、たまらなく旨いんです

上／たことこんにゃくで弾力を楽しむことも。下／滑らかな豆腐に合わせるのは、白菜キムチのシャキシャキとザーサイのコリコリ

ほっこり

野菜の煮物や汁物、
おなじみの味で
疲れを癒して温まる

余すところなく使って日本酒の肴に

いか大根／ゲソのワタ焼き

いか大根

材料 2人分

- 大根 …1/4本（400g程度）
- するめいか …1杯（胴とエンペラ）
- 水 …500mℓ
- しょうが …1かけ
- **A**
  - 酒 … 大さじ3
  - みりん …大さじ3
  - しょうゆ …大さじ3
  - 顆粒和風だし …小さじ2
- ゆずの皮 …適宜

作り方

1 大根は皮をむいて2cm厚さの輪切りにし、4つ割りにする。

2 いかはワタ（内臓）とゲソ（足）を引き抜く。胴は内側の軟骨を引き抜いて洗い、2cm幅の輪切り。エンペラ（三角形の部分）は食べやすい大きさに切る。ゲソとワタはワタ焼き用にとっておく。

3 鍋に水を入れ、**1**を10分ほど茹でる。

4 薄切りにしたしょうが、[**A**]、胴とエンペラを加える。落としぶたをし、弱火で20分ほど煮る。（一度冷まし、食べる際に温め直すと中まで味が染みる）

5 器に盛りつけてゆずの皮の千切りを散らし、お好みで一味とうがらしをふる。

ゲソのワタ焼き

材料 1人分

- するめいか …1杯（ゲソとワタ）
- バター …10g

作り方

1 引き抜いたゲソとワタは、目の上あたりでワタを切り離す。

2 ゲソは包丁で両目をそぎ取り、ゲソの裏側から指を入れて中央にあるトンビ（くちばし）を押し出して取り除き、ぶつ切りにする。

3 フライパンにバターを熱し、**2**を入れて中火で炒める。

4 火が通ったら、フライパン上で**1**のワタを手で搾り出して加え、炒め合わせて完成。

いか大根は、和食が得意だった母がよく作ってくれた思い出の味。落としぶたをして煮込むことで、いかの旨味が大根に染みて、こっくりとした煮物に仕上がります。１杯のいかを無駄なく使いたいので、ゲソのワタ焼きも作りましょう。さっと炒めるだけで手軽にでき、バターとワタのコクがたまりません。2品とも日本酒との相性がバッチリです。

大将の動画はこちら

昆布・みそ・ゆずが風味をアップ

みそ焼き牡蠣

材料 2人分

牡蠣（生食用）…6粒	
昆布（約10cm×20cm）…1枚	
A	西京みそ…大さじ3
	酒…小さじ1
	みりん…小さじ1
	砂糖…小さじ1
	ゆずの皮のすりおろし…1/2コ分
	ゆずの搾り汁…大さじ1

作り方

1 昆布はぬれ布巾などで表面をさっと拭く。

2 [A] を合わせて、ゆずみそを作る。

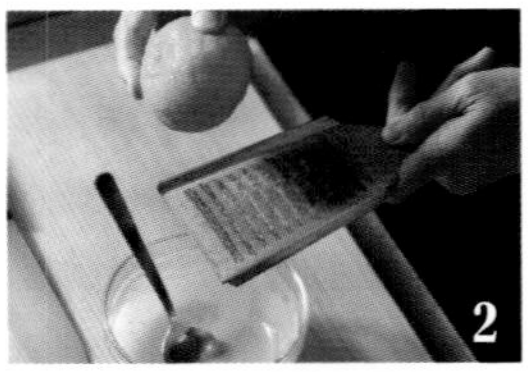

3 ボウルに薄い塩水を作って牡蠣を洗い、ペーパータオルで水気を取って**2**を絡める。

4 フライパンにアルミ箔を敷き**1**をのせ、**3**ものせて中火で焼く。

5 途中で牡蠣をひっくり返し、残ったゆずみそをかける。ふっくら焼けたら完成。アルミ箔ごと皿に移して食す。

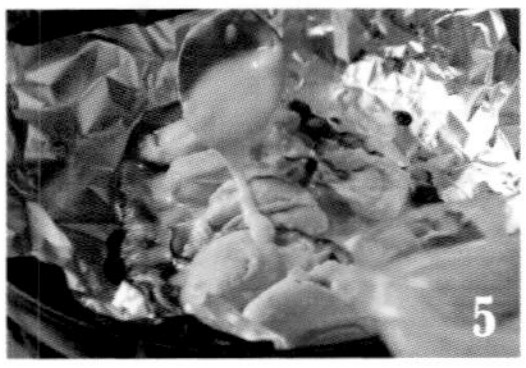

大将の動画は
こちら

昆布の上で焼いて、旨味がぎゅっと凝縮した牡蠣を味わう贅沢な一品です。網ではなくフライパンを使うことで、家庭でも手軽に作ることができます。味つけは甘めの西京みそにゆずを加えましたが、砂糖の量を調整すれば他の種類のみそでも構いません。ゆずの爽やかさが加わり、上品な味わいになります。日本酒と一緒に、焼き立ての熱々を召し上がれ。

シンプルな湯豆腐もいいものですが、〝ますや〟では冬に旬を迎える鱈や野菜をたっぷり入れるのが定番です。手間のかからない料理ですが、30分以上前に昆布を水に入れ、だしをとっておくのをお忘れなく。薬味には、とうがらしの辛味を大根おろしに加えたもみじおろしが欠かせません。最近は手軽なチューブの商品も市販されています。

もみじおろしを薬味にさっぱりと

鱈たっぷり湯豆腐

大将の
動画はこちら

材料 1人分

- 市販の結び昆布（乾燥）…1コ
- 水…200mℓ
- 生鱈切り身…1/2切れ
- 絹ごし豆腐…1/4丁
- 水菜…1株
- 春菊…1株
- 市販のポン酢しょうゆ…適宜
- チューブのもみじおろし …適宜

作り方

1. 鍋に結び昆布を入れ、水を注いで約30分おく。
2. 豆腐は食べやすい大きさに切る。水菜と春菊は根元を切り落として5cm長さに切る。鱈は1/2切れを半分に切る。
3. **1**の鍋を中火にかけ、**2**を順に加える。
4. 火が通ったら、ポン酢しょうゆともみじおろしで食す。

ねぎとまぐろの持ち味を堪能する

ねぎま鍋

大将の
動画はこちら

冬になると甘味を増すねぎが主役の鍋です。ねぎま鍋は江戸時代発祥の庶民の味で、当時は捨てていたまぐろのトロを食べるために生まれたメニューだったとか。現代では高価なトロでなく赤身を使いますが、まぐろの旨味が溶け出した甘辛いつゆは後を引く美味しさ。ねぎはこんがりと焼くことで香ばしくなり、甘さが増します。やはり冬が旬のゆずを搾ると爽やかです。

材料 2人分

- 長ねぎ…1本
- サラダ油…小さじ1
- えのきだけ…1袋
- まぐろ赤身（さく）…300g
- 木綿豆腐…1/2丁
- 水…300mℓ
- **A**
  - 顆粒和風だし…小さじ1
  - 酒…大さじ2
  - みりん…大さじ2
  - しょうゆ…大さじ1

作り方

1. 長ねぎは5cm長さに切る。
2. フライパンにサラダ油を熱し、焼き目がつくまで転がして焼く。
3. 豆腐は一口大に切る。えのきだけは石突きを切り落として小房に分ける。
4. まぐろは1cm幅に切る。
5. 鍋に水と［A］を入れて火にかける。沸騰したら**2**、**3**を入れる。火が通ったら**4**を加えてさっと煮る。
6. 器に取り、お好みでゆずを搾って食す。

居酒屋の定番メニューを家庭でも

鶏レバー・ハツ煮

材料 2人分

鶏レバー・ハツ…計300g

牛乳…500mℓ

水…200mℓ

A
- 顆粒和風だし…小さじ1
- 酒…大さじ2
- しょうゆ…大さじ3
- みりん…大さじ1
- 砂糖 …2つまみ

しょうが…1かけ

作り方

1 レバーとハツがつながっている場合は切り分ける。レバーは一口大に切る。ハツは白い部分を取り除いて包丁で切れ目を入れて開き、ペーパータオルなどで血の塊を除く。

2 鍋に牛乳と**1**を入れ火にかける。ひと煮立ちしたらざるに上げ、流水でざっと洗う。

3 別の鍋に水を入れ、[A] とスライスしたしょうが、**2**を入れて火にかける。煮立ったらあくを取る。落としぶたをして中火で5分ほど煮る。火を止め、余熱で味を染み込ませる。

4 皿に盛り、お好みで刻みねぎを散らして完成。

ほどよい弾力でコリコリとした食感のハツと、柔らかく滑らかな舌触りのレバーを一緒に煮つける、居酒屋の定番メニューです。僕はハツが大好きで、焼き鳥屋でもハツばっかり注文しちゃうほど。ハツやレバーを家庭で調理する時は、下処理の際に牛乳で煮るひと手間をかけると、臭味が取れます。甘辛いタレにしょうがの風味が利き、日本酒や焼酎がすすむ一品です。

大将の動画はこちら

具だくさんで呑みの〆にもピッタリ

豚汁

材料 3～4人分

- 豚バラ薄切り肉…100g
- 大根…5cm
- にんじん…5cm
- 板こんにゃく（あく抜き済み）…2/3枚（約150g）
- 油揚げ…1枚
- 水…800mℓ
- 顆粒和風だし…大さじ1
- しめじ…1/2パック
- 里芋（冷凍）…6～7コ
- 酒…大さじ3
- みそ…大さじ3

作り方

1 大根は皮をむき8mm厚さのいちょう切り、にんじんは皮をむき5mm厚さのいちょう切り。こんにゃくは手で一口大にちぎる。油揚げは1cm幅の短冊切りにする。

2 鍋に水を入れて**1**を加え中火にかける。沸騰してから10分ほど煮たら顆粒和風だしを入れ、小房に分けたしめじと里芋を加えてさらに煮る。

3 具材に火が通ったら酒を加え、みそを溶き入れる。

4 豚バラ肉を一口大に切って加える。豚肉に火が通ったら完成。

5 器によそい、お好みで刻みねぎや七味とうがらしをかける。

秋から冬にかけて旬を迎える根菜をたっぷりと使った豚汁です。豚肉と野菜の旨味が溢れる汁物は、おかずにもなりますし、呑みの〆にもピッタリです。体が温まると心もほっこりします。今回は里芋だけ冷凍品を使いましたが、手軽に作りたい場合は「豚汁の具」として販売されている冷凍や水煮のパックを使うと便利です。

大将の動画はこちら

大ぶりの鶏だんごが食べごたえ満点
鶏だんごスープ

材料 4人分

鶏だんご

- 鶏ひき肉（もも）…200g
- 塩… 2つまみ
- こしょう…小さじ1/2
- 白ごま…小さじ1
- 粉さんしょう…小さじ1/3
- 卵黄… 1コ分
- チューブのしょうが…約6cm分

- ごぼう…20cm程度
- 長ねぎ…1本
- 水…800mℓ
- **A**
  - 鶏ガラスープの素 …小さじ4
  - 酒…大さじ3
  - しょうゆ…大さじ2

作り方

1 ［**鶏だんご**］の材料をボウルに入れ、手でよく混ぜる。

2 ごぼうはささがきにし、水にさらしてあくを抜き、水気を切る。

3 長ねぎは3cm長さに切る。

4 鍋に水を注いで中火にかけ、**2**と［**A**］を入れる。

5 煮立ったら**3**を入れる。

6 再度煮立ったら**1**をスプーンですくって鍋に加える。鶏だんごに火が通るまで3分ほど煮て完成。お好みで仕上げに白ごまを加えてもよい。

大将の動画はこちら

〝ますや〟に来る仲間は汁物好きが多く、リクエストされることもしばしば。そこで、つまみにもなる和風スープを出したいと思い、作り始めた一品です。粉さんしょう、ごま、しょうが入りの鶏だんごは、風味がよく大人の味。ごぼうやねぎなど香りの強い野菜も一緒に煮込めば、食べごたえ満点のおつまみの完成です。旨味が凝縮する汁も残さず味わってください。

大将の動画はこちら

大阪名物・牛肉たっぷりの吸い物

肉吸い

　中学校から関西で過ごした僕にとって、肉吸いはなじみの味。肉吸いといえば大阪・千日前のうどん屋「千とせ」が有名ですが、二日酔いの芸人さんが「肉うどんの麺抜き」を頼んだのが発祥だとか。鰹だしと肉の旨味が調和したやさしい味は、二日酔いだけでなく酒のアテにもよし。〝ますや〟では、牛肉、ねぎ、豆腐と具材たっぷりで作ります。七味とうがらしと粉さんしょう、両方かけるのが僕の好みです。

材料 2〜3人分

- 牛薄切り肉…200g
- 長ねぎ…1本
- 絹ごし豆腐 …1丁
- 水…1ℓ
- 市販の白だし…大さじ6
- **A** みりん…大さじ2
  - 酒…大さじ1
  - しょうゆ…大さじ1

作り方

1. 長ねぎは2cm長さのぶつ切りにする。豆腐は食べやすい大きさに切る。
2. 鍋に水と白だしを入れて火にかけ、沸騰したら牛肉、豆腐の順に入れる。再度沸騰したらあくをすくい、長ねぎを入れる。[A] を加え、落としぶたをして中火で5分ほど煮て完成。
3. お好みで七味とうがらしや粉さんしょうをふる。

多彩な歯ごたえの食材を
ほっこり味に

厚揚げ
チンゲンサイ煮

大阪の劇団員時代に、天神橋筋1丁目にあった居酒屋によく通いました。関東炊き（おでん）が一年中メニューにあって、なかでも厚揚げがめちゃくちゃ美味しかった。それで思いついたのが、当時目新しかったチンゲンサイと合わせるこの一品。すぐに火が通る食材ばかりなのでさっと作れるうえ、練り物からいい味が出るんです。お好みで和からしをつけて召し上がれ。

材料 3〜4人分

- 厚揚げ…2枚
- チンゲンサイ…2株
- 糸こんにゃく（結び）…1パック
- 練り物（揚げボール、うずら天など）…2パック
- **A**
  - だし　500cc（顆粒和風だし小さじ2を水で溶く）
  - しょうゆ…大さじ4
  - みりん…大さじ4

作り方

1. 厚揚げを一口大に切る。
2. チンゲンサイは根元の固い部分を切り落とし、葉と茎に切り分ける。葉はさらに半分に切る。
3. 鍋に［A］を入れて中火で加熱し、厚揚げ、糸こんにゃくを入れて5分ほど煮る。練り物とチンゲンサイの茎を入れ、落としぶたをする。
4. グツグツ煮えてきたら、チンゲンサイの葉を加え、煮えたら火を止める。

手間のかかる筑前煮を簡単に手早く

直前煮

材料 2人分

鶏もも肉（一口大）…200g
筑前煮の具（水煮野菜パック
　れんこん、ごぼう、にんじん、
　たけのこ など）… 1袋（約300g）
板こんにゃく（あく抜き済み）
　…1/2枚
サラダ油 …大さじ1
水… 200mℓ
顆粒和風だし…小さじ2
A しょうゆ …大さじ2
　酒 …大さじ2
　みりん…大さじ2
絹さや… 適宜

作り方

1 鍋にサラダ油を熱し、鶏もも肉を中火で炒める。

2 水煮野菜を液ごと加え、こんにゃくを手でちぎりながら入れる。

3 水と顆粒和風だし、[A] を加えて中火で加熱する。煮立ったら落としぶたをして5分ほど煮てから冷ます。

4 器に盛りつけ、筋をとってさっと茹でた絹さやを飾る。

大将の動画はこちら

直前に思い立っても、あっという間にできるから「直前煮」と名づけました。水煮野菜のパックを使うことで、多種類の野菜を下ごしらえする手間と煮る時間が省け、わずか10分ほどでできあがり！手軽に作れるのに旨味たっぷりの煮物は、ほっこりすると仲間からも好評です。おせちにも最適な一品なので、ぜひ年末に作ってみてください。

定番おかずに旬の果物で彩りをプラス

柿の炒り豆腐

材料 2人分

- 柿…1コ
- 鶏ひき肉…200g
- 絹ごし豆腐…1丁
- 卵…1コ
- **A** 水…200mℓ
  - 市販の白だし（3倍濃縮）…大さじ2
  - 酒…大さじ1
  - みりん… 大さじ1

作り方

1 フライパンに［A］を入れ中火で熱し、煮立ったら鶏ひき肉を入れ、そぼろ状になるようにほぐす。

2 水切りした豆腐を手でくずしながら**1**に加え、5分ほど煮て水分を飛ばす。

3 卵を溶いて**2**に加え、混ぜ合わせる。火を消し、しばらく置いて粗熱を取る。

4 柿は皮をむいて種を取り、7～8㎜角、長さ約4㎝の拍子木切りにし、**3**と和えて器に盛る。お好みでねぎを散らす。

和食の定番おかず、炒り豆腐。僕にとっては、子供の頃に母が作ってくれたおふくろの味です。母の炒り豆腐はシンプルに豆腐と卵だけを使ったやさしい味でしたが、僕は鶏ひき肉を加えてボリュームアップ。さらに、秋の味覚・柿を一緒に和え、日本酒に合うつまみにしました。彩りがよく、柿の自然な甘味が淡白な豆腐と調和したしみじみ美味しい一品です。

大将の動画は
こちら

刻み葉入りの肉みそが主役を引き立てる

ふろふきかぶ

材料 2人分

- かぶ…2コ
- サラダ油…小さじ1
- 鶏ひき肉…100g
- **A** 酒… 大さじ2
  - みりん…大さじ1
  - 顆粒和風だし… 小さじ1
  - みそ…大さじ2
- 水… 100mℓ

作り方

1 かぶは葉を切り落として皮をむく。

2 葉は7～8㎜幅に刻む。

3 鍋にかぶとかぶるくらいの水（分量外）を入れて火にかけ、かぶが柔らかくなるまで中火で煮る。

4 フライパンにサラダ油を熱し、鶏ひき肉を中火で炒める。

5 鶏ひき肉に火が通ったら［A］を加えて弱火で炒め、水を加えてさらに煮てボウルに取る。**2**を加えて和える。

6 **3**を4つ切りにして器に盛り**5**をかける。お好みでゆずの皮をのせる。

2

3

4

5

5

寒い季節に恋しくなる、熱々のふろふき大根。ですが、〝ますや〟では、大根よりも早く煮えるかぶを使って「ふろふきかぶ」を作ります。柔らかく煮たかぶの甘味を引き立てるのは、たっぷりの肉みそ。これに刻んだかぶの葉を加えることで、かぶを余すことなくいただけます。食べる時には、ゆずの皮を添えるのがオススメ。日本酒によく合うおつまみです。

＼大将の動画はこちら／

冬が旬の食材から旨味が溢れ出る

白菜帆立ミルクスープ

材料 2〜3人分

- 帆立貝柱（刺身用）…10粒
- 白菜…2〜3枚（約200g）
- バター…10g
- 水 … 500mℓ
- 鶏ガラスープの素… 大さじ2
- 牛乳… 250mℓ
- 粗びきこしょう… 適宜

作り方

1 白菜は葉と白い芯の部分に切り分ける。芯は5cmの長さに切ってから繊維に沿って1cm幅に切り、葉はざく切りにする。

2 鍋にバターを溶かして中火で帆立を炒め、両面に焼き目がついたら皿に取る。

3 **2**の鍋に水を入れ、沸騰したら白菜の芯と鶏ガラスープの素を加え中火で3分ほど煮る。葉を加えてさらに2分ほど煮て牛乳を加える。

4 白菜が煮えたら**2**を加え、粗びきこしょうで味を調える。

甘くてみずみずしい冬の白菜をたっぷり味わいます。バターでソテーした帆立の旨味が利いたスープは、濃厚かつまろやかな味わい。呑みの席で汁物が出ると、なんだかほっとしますよね。〝ますや〟でも汁物は人気で、このスープも冬になるとリクエストされる定番です。スターターとしても〆の一品としても美味しくいただけます。

大将の動画はこちら

ウスターソースが味を引き立てる

ポテトサラダ

材料 4人分

- じゃがいも（中）…3コ
- きゅうり …1本
- 玉ねぎ…1/2コ
- 塩… 2つまみ
- ベーコン（ブロック）…100g
- **A**
  - マヨネーズ…大さじ3
  - 酢… 大さじ2
  - 練りからし…小さじ1
  - ウスターソース…大さじ1
- こしょう…適宜

作り方

1 じゃがいもは皮つきのまま茹で始める。

2 きゅうりと玉ねぎはスライサーで薄切りにし、ボウルに入れて塩1つまみをまぶす。

3 ベーコンは5mm角の拍子木切りにし、フライパンでカリッと焼く。

4 [A] を混ぜ合わせておく。

5 竹串がスッと入る程度に茹で上がった**1**を流水にとって皮をむく。ボウルに入れ、木べらなどで粗めにつぶす。塩1つまみとこしょうを加える。

6 **5**に水気を切った**2**と**3**、**4**を加えて混ぜ合わせて完成。

居酒屋の人気メニュー、ポテトサラダ。お店やご家庭によって具材や味つけもそれぞれですが、〝ますや〟では隠し味にウスターソースを使います。僕の父がポテトサラダにソースをかけて食べていたことから考えたもので、コクのあるまろやかな味はレモンサワーやビールとの相性が抜群。そのまま食べても美味しいですが、お好みで「追いソース」をかけるのもありです。

大将の動画はこちら

Column 4

味わい尽くす

野菜の切れ端はぬか漬けに、残った料理は変身させる

肉豆腐が残った次の日は、卵でとじて丼物にするのが定番。煮込み料理は、別の料理にリメイクすることを前提にたっぷり作ることが多いです

食材を使い切るコツは、料理をするうちに自然と身につきました。かぶや大根を買う時は葉つきを選びます。そのほうが鮮度もいいし、葉も美味しくいただけますから。あとはブロッコリーの芯も食べますし、きのこの石突きは刻んでパスタに入れて使い切る。捨てるしかない野菜のヘタは、大事にしているぬか床に入れます。古漬けになったのを刻んでお茶漬けにすると美味しいんです。無駄にしたくないという気持ちもあるけれど、食べてみたら美味しかったから、味わい尽くしたいという感じかな。

1人で食べることも多いので、作った料理はなかなか1日で食べ切れません。肉じゃがやトマト煮にはクミンシードとスパイスを加えてカレーにするなど、味を変えて楽しみながら食べ切るようにしています。

「この部分は食べられるのかな？」という好奇心から料理に使ってみると意外と美味しい。かぶの葉はみそ汁やぬか漬けに使っています

まんぷく

パーティーや休日ランチで
おなかを満たす
麺類やご飯物など

にんにくとごま油の香りが食欲そそる

ガーリックベーコン焼き飯

材料 1人分

ご飯	…180g
にんにく	…2かけ
玉ねぎ	…1/2コ
ベーコン（ブロック）	…30g
ごま油	…大さじ2
中華だしペースト	… 小さじ1
塩	…2つまみ
こしょう	…少々
卵	… 2コ
しょうゆ	… 小さじ1

作り方

1 にんにくは粗みじん切りにする。

2 玉ねぎは粗みじん切りに、ベーコンは1cm角に切る。

3 フライパンにごま油を熱し、**1**を弱火で炒める。香りが立ったら**2**を加えて炒める。

4 火が通ったら、中華だしペーストを加えて炒める。

5 ご飯を入れてしっかりと炒め、塩・こしょうで味を調える。

6 **5**をフライパンの端に寄せ強火にし、空いたところに溶いた卵を入れてご飯と混ぜながら炒め、しょうゆで香りをつける。

7 器に盛り、お好みで刻みねぎを散らす。

人と接する役者という仕事柄、匂いの強い食べ物はNG。好きなにんにくも避けてきました。ところがコロナ禍で舞台や撮影がなくなり、思いがけずにんにくが解禁に！　そこで生まれたのが、にんにくをたっぷり使ったがっつり焼き飯。具材を大きめに切ることで、食べごたえもバッチリ。ご飯物ながら、酒のつまみにもなります。

大将の動画は
こちら

カレーとハヤシの華麗なる夢の共演

マス Curry do（マスカレード）

材料 6〜7人分

- 牛薄切り肉…150g
- 玉ねぎ…1コ半
- ホワイトマッシュルーム… 6コ
- サラダ油…大さじ1
- 水…500mℓ
- ハヤシルー …約90g（4かけ）
- カレールー… 約70g（3.5かけ）
- 牛乳…300mℓ
- ウスターソース…大さじ1
- しょうゆ…小さじ1
- 温かいご飯 …適宜

作り方

1 玉ねぎは縦半分に切ってから繊維に沿って1cm幅に切り、マッシュルームは5mm厚さの薄切りにする。

2 鍋にサラダ油を熱し、中火で**1**を4分ほど炒める。

3 牛肉を加えて炒め、火が通ったら、水を加えふたをして煮る。

4 煮立ったらハヤシルー、カレールーを加えて溶かす。

5 牛乳を加え、ウスターソース、しょうゆで味を調える。

6 器にご飯を盛り**5**をかける。

大将の動画は こちら

カレーライスとハヤシライスを両方食べたい！という夢を叶えるため、20年ほど前に生み出したのが、カレーとハヤシ2種のルーを使う技。「マスカレード」という料理名は、僕が作るカレーだからと仲間がつけてくれました。僕の理想は「ハヤシを食べているうちに、カレーの風味がしてくる」味つけ。使うルーに合わせて、お好みの味のバランスを見つけてください。

暑い夏につるつるっと食べたいさっぱり味

冷やし中華風そうめん

材料 2人分

- そうめん…200g
- もやし…1袋
- きゅうり…1本
- ハム…4枚
- トマト…1コ
- 茹で卵…2コ
- **A**
  - 酢…大さじ4
  - しょうゆ…大さじ2
  - ごま油…小さじ1
  - 砂糖…小さじ1
  - 水…30mℓ
  - チューブのからし …小さじ1/2
- 白ごま…4つまみ

作り方

1 タレを作る。[A] をよく混ぜ合わせ、仕上げに白ごまを加える。ごまを手でつぶしながら入れると風味が増す。冷蔵庫で冷やしておく。

2 もやしは茹で、水にとってざるに上げ、水気を絞る。きゅうりは長さを4等分にしてから縦半分に切って薄切りにする。ハムは半分に切って細切りにする。トマトはくし形に切ってから細く切る。茹で卵は縦4等分に切る。

3 そうめんを袋の表示どおり（もしくは少し短め）に茹で、ざるに上げて流水でもみ洗いをし、水気をよく切る。

4 皿に**3**を盛り**2**をトッピングして、**1**を回しかける。お好みで紅しょうがを添える。

おなじみの冷やし中華を、中華麺ではなくそうめんで作ります。中華麺よりもさっぱり食べられるうえ、野菜もたくさんとれるので、暑さで食欲が減退している時にうってつけです。そうめんのつるつるっとした喉ごしと、茹でもやしのシャキシャキの食感の両方が楽しめます。調味料を混ぜるだけの中華ダレは、簡単なのに意外と本格的な味わいです。

大将の動画はこちら

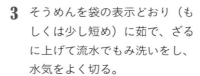

ご飯のお供はスパゲッティとも相性抜群

のりわさパスタ

材料 2人分

- スパゲッティ（乾麺）…200g
- のり佃煮 …50g
- チューブのわさび… 小さじ2
- バター…10g
  ※チューブの商品が混ぜやすい
- 市販の白だし…小さじ1
- 大葉…4枚

作り方

1 スパゲッティは袋の表示どおりに茹でる。

2 ボウルにのり佃煮、わさび、バター、白だしを入れ、よく混ぜる。

3 大葉を千切りにする。

4 茹で上がった**1**の水気を切り、**2**のボウルに入れて和える。

5 皿に盛り**3**をのせる。お好みで追加のバターをのせてもよい。

冷蔵庫に常備してあるのり佃煮、わさび、バターを混ぜるだけ。思い立ったらすぐに作れるお手軽なソースのヒントになったのは、友人が作った明太子パスタ。明太子とバターを混ぜたソースを見て、のり佃煮を使ってみようと思ったんです。わさびのツンとした辛さが味のアクセントになるので、欠かさずに加えてください。ちょっと大人の味の和風パスタです。

大将の動画は
こちら

海鮮と白ワインの旨味で大人の味わい

いか丸ごと焼きそば

材料 2人分

するめいか…1杯

オリーブオイル…大さじ1

チューブのにんにく…約2cm分

シーフードミックス（冷凍）
…100g

帆立（ボイル）…4コ

焼きそば麺…2玉

白ワイン…50mℓ

塩…小さじ1/2

こしょう…少々

作り方

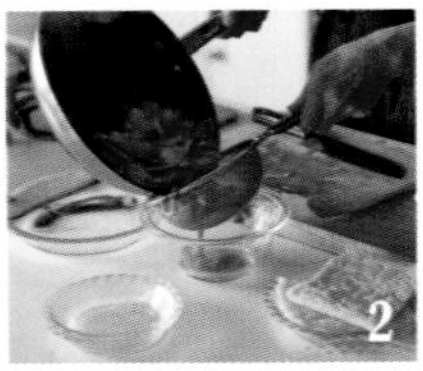

1 いかはワタ（内臓）ごと足を引き抜き、くちばしを取る。足は3cm長さに切る。胴は内側にある軟骨を引き抜いて洗い、1cm幅の輪切りにし、さらに半分に切る。エンペラ（三角形の部分）も食べやすい大きさに切る。ワタはとっておく。

2 フライパンを中火にかけてオリーブオイルを熱し、にんにくを入れる。香りが立ったら**1**を入れて炒める。シーフードミックスと帆立を加えてさらに炒め、白ワインを加える（焦げつく場合は水を適宜差す）。ふたをして2分ほど蒸し煮にして火からおろす。ボウルとざるを用意し、具と煮汁に分ける。

3 麺を**2**の煮汁に浸してからフライパンに入れてほぐし、煮汁も加えて炒める。

4 **3**に**2**の具、塩・こしょうを加えて炒める。フライパン上で**1**のワタを手で搾り出して加え、炒め合わせる。

5 皿に盛り、お好みで小ねぎを散らし、レモンを添える。

いか1杯を余すところなく使う、豪快なメニューです。いかをさばくのは意外と簡単なので、ぜひチャレンジしてみてください。いか、シーフードミックス、帆立を白ワインで蒸し煮にした汁を麺に含ませることで、旨味たっぷりの味わいに。最後に加えるワタのコクもたまりません。ビール、ハイボール、白ワインなどにぴったりの、大人の味わいです。

大将の動画はこちら

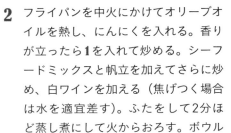

お好み焼き粉を使って外はカリッ！中はモチッ！

和風チヂミ

材料 直径20cm3枚分

- 市販のお好み焼き粉…50g
- 水…120mℓ
- 卵…1コ
- にら…1/2束
- キャベツ…1/6コ
- **A** 天かす…10g
  - 生桜えび…30g
  - （乾燥の場合は10g）
  - 紅しょうが（千切り）…15g
- **B** しょうゆ…小さじ2
  - 白だし…大さじ1
- ごま油…大さじ6
  - （1枚あたり大さじ2）

作り方

1 ボウルにお好み焼き粉、水、卵を入れてよく混ぜる。

2 にらは1cm長さに切り、キャベツは1.5cm角にざく切りする。

3 **1**に**2**を入れ、［A］と［B］を加えて混ぜ合わせる。

4 フライパンにごま油大さじ2を中火で熱し、**3**の1/3量を入れて焼く。焼き色がついたら裏返して軽く押さえながら焼き、同様に焼き色がついたら再度裏返して完成。残り2枚も同様に焼く。

5 食べやすい大きさに切り、器に盛る。

1

3

4

韓国料理のチヂミを、和風にアレンジしたメニューです。市販のお好み焼き粉を使えば、生地がダマになることなく、外側はカリッ、中はモチッとした食感に焼くことができます。〝ますや〟では具材に野菜をたっぷりと入れるのが特徴で、なかでも、にらは欠かせません。生地に味をつけているので、焼き上がったら何もつけず、そのまま召し上がってください。

大将の動画は
こちら

チーズやバジル塩でいつもと違う食べ方を

アレンジもち２種

甘辛チーズ磯辺焼き

材料 ２人分

- 切りもち…2コ
- 砂糖 …大さじ1
- しょうゆ…大さじ2
- スライスチーズ…2枚
- おにぎりのり…2枚

作り方

1. 砂糖としょうゆを混ぜ合わせておく。
2. フライパンを中火にかけ、もちを焼く（トースターなどで焼いてもよい）。
3. もちが膨らみ焼き色がついたら、**1**を絡めてスライスチーズで巻き、さらにのりを巻いて完成。

バジル塩もち

材料 ２人分

- 切りもち…2コ
- バジル（乾燥）…小さじ1
- 塩…小さじ1
- オリーブオイル…大さじ4

作り方

1. バジルと塩を混ぜ合わせておく。
2. 180度に熱したオリーブオイルでもちを揚げ焼きにする。
3. **2**に**1**をふって完成。

今では一年中手に入る切りもちをおつまみに。簡単に作れるので、小腹が空いた時のおやつにもなります。一品は定番の砂糖しょうゆ味にチーズをプラスする磯辺焼き。甘辛い味とチーズのコクがマッチして、後を引く美味しさです。もう一つは、揚げ焼きにしたもちをバジル塩で食べる洋風アレンジ。白ワインにも合う、大人の味です。

大将の動画は
こちら

料理も芝居も
決め手は名脇役！
升毅

升毅（ます・たけし）

俳優。1955年生まれ。東京都出身。近畿大学在学中に演劇を始め、76年舞台『ロンググッドバイ』で俳優デビュー。91年に劇団「ＭＯＴＨＥＲ」を立ち上げ、座長を務め関西を中心に人気を博す。NHK連続テレビ小説『あさが来た』（15年）、『ブギウギ』（23年）、連続ドラマ『勝利の法廷式』（23年）、『旧車探して、地元めし』（主演・22年〜）などのドラマや、『八重子のハミング』（主演・16年）、『嘘八百なにわ夢の陣』（23年）などの映画にも多数出演。趣味の料理の腕前は『タモリ倶楽部』でも披露した。

撮影　阿部吉泰、新山貴一、佐々木実佳、小林大介（ブロウアップ）
スタイリング　甲斐優美、佐藤絵理
ヘアメイク　白石義人
取材・編集協力　上野裕子（ピークス）
装丁・本文デザイン　岡 睦（mocha design）
動画撮影　木村和敬（ブロウアップ）

俳優・升毅の
家呑みおつまみ、一丁あがり

2023年7月3日　初版第一刷発行

著者　升毅
発行人　三井直也
発行所　〒101-8001
東京都千代田区一ツ橋2-3-1
電話　編集　03-3230-5951
販売　03-5281-3555

印刷　凸版印刷株式会社
製本　株式会社若林製本工場

Printed in Japan
ISBN 978-4-09-311541-4